Manuel de Azevedo Antunes

PROJECÇÕES DEMOGRÁFICAS
Aplicação de um Modelo Demo-Informático na Guiné-Bissau

CPES - Centro de Pesquisa e Estudos Sociais
Universidade Lusófona de Humanidades e Tecnólogas

Apoios:
CEPAD – Centro de Estudos da População, Ambiente e Desenvolvimento
TERCUD – Centro de Estudos do Território, Cultura e Desenvolvimento
Linha de Investigação em Africanologia e Lusofonia

3.ª Edição, 2016

FICHA TÉCNICA
Título: *Projecções Demográficas - Aplicação de um Modelo Demo-Informático na Guiné--Bissau*
Autor: Manuel de Azevedo Antunes
Copyright © Manuel de Azevedo Antunes & CPES
1.ª Edição, Lisboa, 2010

Capa: J&L Designers, Lda

Impressão e acabamento: CreateSpace - Amazon
ISBN: 978-1492793045

CPES– Centro de Pesquisa e Estudos Sociais
ULHT – Universidade Lusófona de Humanidades e Tecnologias
Av. do Campo Grande, 376, 1749-024 LISBOA
Telef.: 217515500 Fax: 217577006
E-mail: mantunes@ulusofona.pt
www.ulusofona.pt

"É muito difícil prever,
principalmente o futuro"

Oscar Wilde

Ao
Povo da Guiné-Bissau

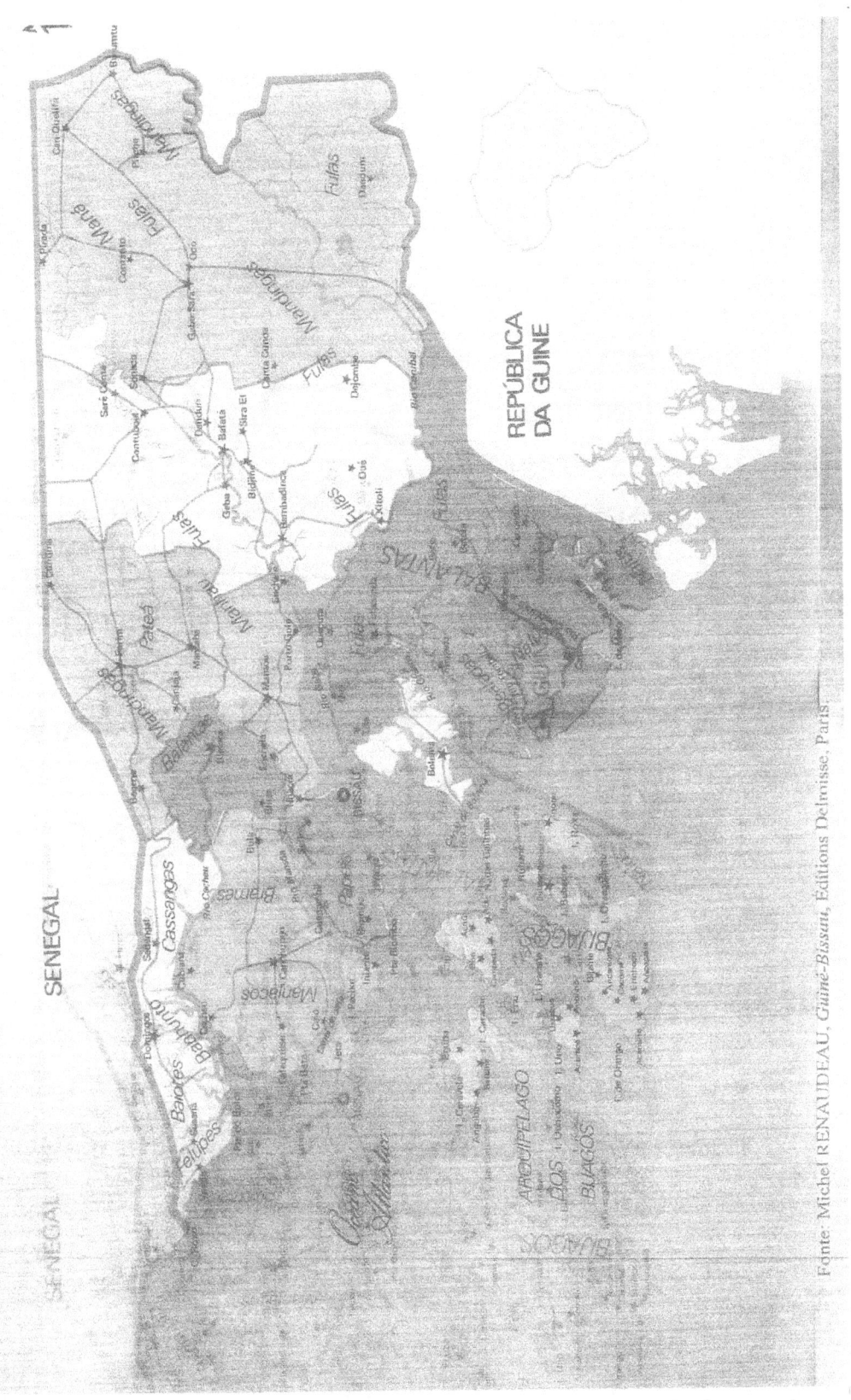

REPÚBLICA
DA GUINE

SENEGAL

Fonte: Michel RENAUDEAU, Guiné-Bissau, Éditions Delroisse, Paris

ÍNDICE GERAL

ÍNDICE DE FIGURAS

ÍNDICE DE QUADROS

pag.

ABREVIATURAS E SÍMBOLOS

Cf.	Conferir
cf.	Conferir
Colec.	Colecção
D	Número de óbitos
DGE	Direcção Geral de Estatística
e	Base dos logaritmos naturais ou neperianos
Ed.	Editora, Edição
EMV	Esperança média de vida
FAO	Food and Agriculture Organization
FNUAP	Fundo das Nações Unidas para as Actividades da População
FT	Fecundidade total; Fertilidade total; Descendência
H	Homens
HM	Homens e Mulheres
ILADAP	Instituto Luso-Africano para o Desenvolvimento e Actividades do População
IDH	Índice de Desenvolvimento Humano
in	Em
Ind. Masc.	Índice de Masculinidade
INEC	Instituto Nacional de Estatística e Censos
ISCSPU	Instituto Superior de Ciências Sociais e Políticas e Política Ultramarina
ISCTE	Instituto Superior de Ciências do Trabalho e da Empresa
M	Mulheres
MINSAP	Ministério da Saúde Pública
N	Total de nados-vivos
OMS	Organização Mundial de Saúde
ONU	Organização das Nações Unidas
op. cit.	Obra citada
org.	Organizador(es)
p.	Página
pag.	Página
pp.	Páginas
PNUD	Programa das Nações Unidas para o Desenvolvimento
r	Taxa anual de crescimento
Rev.	Revista
s.	Seguintes
sec.	Século
séc.	Século
s.i.	Sem informação
s/d	Sem data
S/T	Sem Título
SIDA (ou AIDS)	Síndroma da Imunodeficiência Humana Adquirida
T.	Tomo
TBM	Taxa Bruta de Mortalidade
TBN	Taxa Bruta de Natalidade
TBR	Taxa Bruta de Reprodução

Tit. orig.	Título original
UNAIDS	Programa das Nações Unidas para o SIDA
VIH (ou HIV)	Vírus da Imunodeficiência Humana
Vol.	Volume
Vols.	Volumes
WHO	Organização Mundial de Saúde
%	Percentagem
%o	Permilagem

INTRODUÇÃO

A República da Guiné-Bissau fica situada na Costa Ocidental de África, confinando a Norte com o Senegal, a Leste e Sudeste com a República da Guiné, e a Oeste e Sudoeste com o Oceano Atlântico.

A sua superfície anda pelos 36 000 Km², repartidos pelo continente e ilhas, dos quais apenas uns 28 000 Km² de terras estão permanentemente emersos. Os outros 8 000 Km², que representam cerca de 22% da superfície total da país, são regularmente cobertos pelas marés.

No processo de luta pela independência, a I Assembleia Nacional Popular declarou unilateralmente a independência da Guiné-Bissau em 24 de Setembro de 1973, em Madina do Boé. E as autoridades portuguesas, após o 25 de Abril de 1974, reconheceram, a 10 de Setembro desse mesmo ano, a Guiné-Bissau como estado independente[1].

País dos mais pequenos da África Ocidental, a Guiné-Bissau tem, actualmente, cerca de 1 500 000 habitantes. E, como a generalidade dos países subdesenvolvidos, tem uma grande escassez de dados estatísticos, nomeadamente demográficos.

Daí o risco de qualquer tentativa de análise mais aprofundada. Mas também o estímulo/importância que os estudos sobre a Guiné-Bissau suscitam.

O objectivo deste estudo é perspectivar o evoluir da população da Guiné--Bissau até ao ano de 2011.

Nesta análise, ter-se-á, fundamentalmente, em conta os Recenseamentos de 1979 e 1991, bem como o Inquérito Demográfico e Sanitário, realizado em 1989, em que o autor teve uma bem significativa participação.

Mas, antes, procurar-se-á reconstituir os "antecedentes censitários e a evolução populacional", na Guiné-Bissau, passando, depois, à "busca de um modelo de projecção demográfica".

A essa reflexão seguir-se-á a "projecção da população na Guiné-Bissau", utilizando, para o efeito, um programa informático apropriado. Como variáveis exógenas vão-se utilizar: população graduada do Censo de 1991; Taxa Geral de Fecundidade; razão dos sexos à nascença; padrão de fecundidade; esperança média de vida; saldos migratórios; prevalência do VIH/SIDA. Os *outputs*/conclusões estarão, naturalmente, condicionados pelas hipóteses assumidas.

---

[1] Cf. *Guia do Terceiro Mundo - 93*, Tricontinental Editora, Lisboa, 1993, pp. 186 e 543-549.

1.- ANTECEDENTES CENSITÁRIOS E EVOLUÇÃO POPULACIONAL

Data do final do século XIX, com a Carta de Lei de 17 de Agosto de 1899, que ordenava uma operação censitária para 1 de Dezembro de 1900, a primeira medida legislativa com vista à execução de um Recenseamento Geral da População na Guiné-Bissau. A referida Carta de Lei foi mandada aplicar pela Portaria Régia de 23 de Novembro de 1899, com base na qual foi promulgada a Portaria Local n.º 187-A, de 28/06/1900, publicada no Boletim Oficial n.º 30, que aprovou as "Instruções para se realizar o recenseamento geral da população da Província da Guiné"[2]. Mas desconhece-se a realização de tal Censo: apenas consta do Boletim Oficial n.º 38, de 22/09/1900 os modelos de "boletins dos fogos" e da "relação de todos os indivíduos que fazem parte desta tabanca"[3].

Por isso, a Portaria Local n.º 37, de 24 de Fevereiro de 1910, publicada no Boletim Oficial n.º 9, estipulava a realização de uma operação censitária para 31 de Dezembro desse mesmo ano, ao mesmo tempo que aprovava as "Instruções para se realizar o recenseamento geral da população da província da Guiné, a que se refere o ofício da Direcção Geral do Ultramar n.º 15, de 21 Janeiro de 1907"[4]. Destas operações de 1910 não se conhece qualquer notícia escrita.

Dos arrolamentos de 1910-1911, onde já se previa o "Boletim de Família" e o "Boletim de Fogos" como instrumentos de notação, foram publicados alguns resultados, muito parciais e incompletos, nos Anexos n.º 1, de 27 de Maio, n.º 2, de 30 de Setembro, e n.º 4, de 30 de Dezembro, aos Boletins Oficiais de 1911. De facto, geograficamente limitado às circunscrições de Farim, Buba e Cacheu, tais arrolamentos continham muitas lacunas mesmo quanto à qualidade dos dados[5].

O processo censitário na, então, Guiné Portuguesa só seria retomado em 1927, com as "Instruções" publicadas no Boletim Oficial n.º 36, de 26 de Agosto, para preparar a operação censitária a realizar em Dezembro desse ano: "Devendo ser de Setembro a Dezembro o arrolamento de palhotas para cobrança do imposto, consoante se determina no artigo 138.º do regulamento das Circunscrições, (...)"[6].

De acordo com esse Recenseamento de 1928, a população total não civilizada da Guiné-Bissau, repartida pelas 10 circunscrições do território, teria 327 157 indivíduos. Os seus resultados foram publicados no n.º 44, de Fevereiro de 1929, do *Boletim da Agência Geral das Colónias*, dedicado à Guiné. Só as circunscrições de Mansoa, Cachungo, Bafatá e Gabú teriam uns 2/3 dessa população. Também em 1928

---

[2] Cf. *Província da Guiné - Censo da População de 1950 - Volume II, População Não Civilizada*, Tipografia Portuguesa, Lda, Lisboa, 1951, p. 7.
[3] Cf. Idem, op. cit., p. 9.
[4] Cf. Idem, ibid.
[5] Cf. Idem, op. cit., p. 13.
[6] Idem, op. cit., p. 14.

se realizou o primeiro recenseamento conhecido da população civilizada da Guiné, com um total de 5 817 pessoas[7].

Por sua vez, o levantamento de 1929 da população não civilizada, de que só se conhece o total geral de ambos os sexos, apontava para umas 384 394 pessoas[8].

Nas décadas de 30 e 40, foram feitos novos arrolamentos e estimativas, nomeadamente com vista à colecta dos impostos, por processos rudimentares, sem bases estatísticas seguras[9]. Mas o I Recenseamento Geral da População da Guiné-Bissau, feito com a observação de algumas regras técnicas fundamentais, só teve lugar em 1950, distinguindo-se, mais uma vez, a população civilizada da não civilizada.

Por sua vez, o Sistema Estatístico Nacional português coordenou os Censos de 1960 e 1970. Deste último, apenas é conhecida uma estimativa global.

O I Recenseamento Geral da População e da Habitação, efectuado após a independência, foi executado a 16 de Abril de 1979, na Guiné-Bissau. E, em Dezembro de 1991, teve lugar o II Recenseamento Geral da População e da Habitação deste país[10]. O III Censo realizou-se em Março de 2009, aguardando-se a publicação dos resultados definitivos.

Tendo em conta os diversos arrolamentos e recenseamentos gerais da população realizados na Guiné-Bissau, pode-se elaborar o seguinte QUADRO:

QUADRO N.º 1
EVOLUÇÃO POPULACIONAL
1928 - 1991

ANOS	HM	H	M
1928	327 157 + 5 817*	3 193*	2 624*
1929	384 394		
1936	426 009		
1940	345 267 + 5 822*	176 430 + 3 073*	168 838 + 2 749*
1946	437 787		
1949	409 723	203 791	205 932
1950	508 970 + 8 320*	252 105 + 4 501*	256 865 + 3 819*
1960	525 437**	265 480**	259 957**
1970	487 448**		
1979	760 144**	366 230**	393 914**
1991	979 203**	472 560**	506 643**

Fonte: Respectivos Censos, Arrolamentos ou Documentação referida no texto.

* População civilizada.

** População, sem distinção de civilização.

[7] Cf. Idem, op. cit., pp. 14-15; Junta de Investigações do ULTRAMAR, *Província da Guiné – Censo da População de 1950 – Volume I, População Civilizada*, Colec. Estudos de Ciências Políticas e Sociais, Centro de Estudos Políticos e Sociais, Lisboa, 1959, pp. 9-11.
[8] Cf. *Província da Guiné - Censo da População de 1950 - Volume II, População Não Civilizada*, Lisboa, 1951, p. 15.
[9] Cf. Idem, pp. 15-17 e 18-36.
[10] Para um melhor esclarecimento sobre os Antecedentes Censitários na Guiné-Bissau, cf. o Relatório sobre a *Situação Demográfica e Perspectivas de Evolução - República da Guiné-Bissau - 1950-2013*, ILADAP, Lisboa, 1990, pp. 16-20, para o Governo da Guiné-Bissau e Banco Mundial, da autoria de Custódio CÓNIM, com a colaboração de Manuel ANTUNES.

GRÁFICO N.º 1
EVOLUÇÃO POPULACIONAL
1928 - 1991

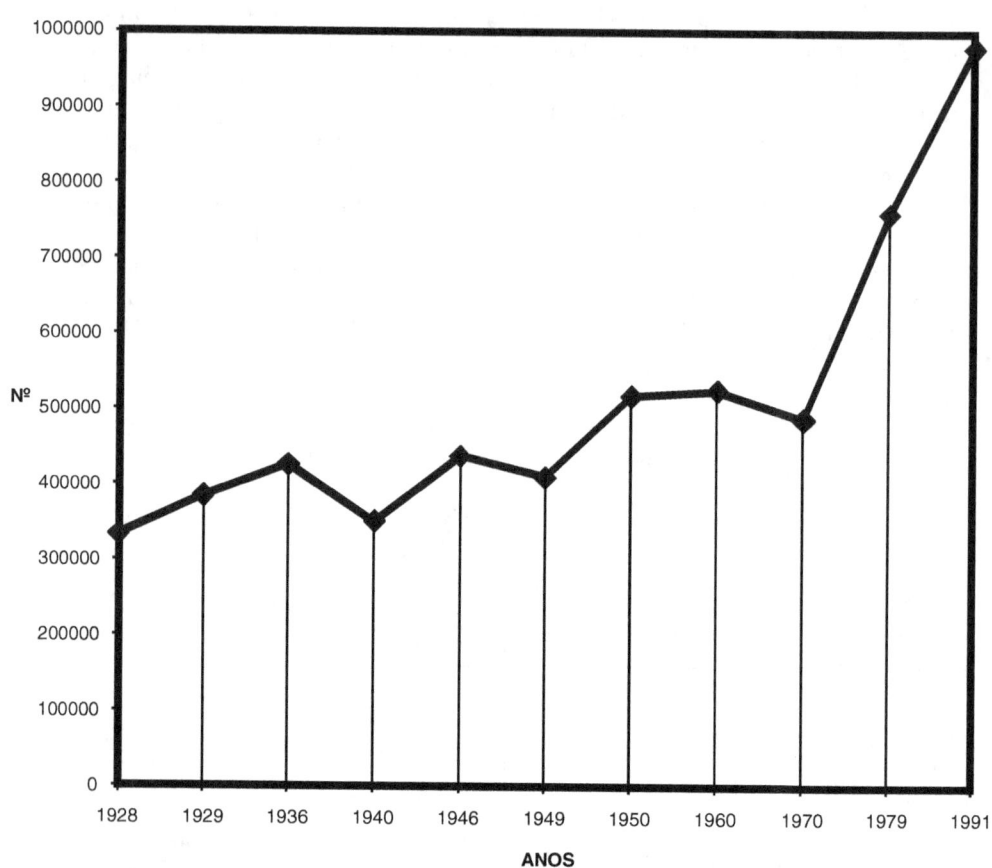

Fonte: Quadro N.º 1.

2.- A BUSCA DE UM MODELO DE PROJECÇÃO DEMOGRÁFICA

A tentativa de previsão ocupa um lugar privilegiado em demografia. Daí que a preocupação de projectar os quantitativos populacionais, a par do entendimento da sua evolução, esteja bem presente em: VAUBAN (1633-1707), que ficou principalmente conhecido pelas suas estimativas feitas para França e Canadá; Thomas Robert MALTHUS (1766-1834), com a sua teoria do crescimento geométrico da população; Michael Thomas SADLER, Thomas DOUBLEDAY, Adolphe QUETELET, VERHULST, Raymond PEARL e Lowell J. REED, que, no século XIX, desenvolvem a teoria logística da evolução populacional; Alfred LOTKA e VOLTERRA (sec. XX), que preconizam uma teoria periódica para a projecção da população; Corrado GINI (sec. XX), que salienta a existência de ciclos na evolução das populações, no plano quantitativo e qualitativo; Edwin CANNAN, Julius WOLF e Knut WICKSELL (sec. XX), que defendem uma teoria do óptimo populacional; etc.[11].

Nesta busca de um modelo de projecção demográfica que aqui se propõe fazer, vai-se começar por esclarecer a importância da variável demográfica em alguns modelos de crescimento.

2.1.- A variável demográfica em alguns modelos de crescimento

A percepção do extraordinário crescimento demográfico dos países subdesenvolvidos, nos anos de 1950, está na origem de vários modelos económicos que apontam para a necessidade de uma diminuição do crescimento populacional com vista à melhoria do nível de vida desses países[12].

Por outro lado, entre os objectivos gerais do seu plano de acção, a nível mundial, a Conferência das Nações Unidas sobre a População, reunida em Bucareste, em 1974, visava obter um melhor entendimento da relação entre factores demográficos e sócio-económicos do desenvolvimento. Nesse sentido, procurava-se esclarecer a importância das variáveis demográficas no bem-estar das populações e, por outro lado, a incidência dos factores sociais, económicos e culturais gerais sobre as variáveis demográficas. E recomendava a elaboração de modelos empíricos e indutivos com vista à prospecção do futuro[13].

Esta recomendação reforçou o desenvolvimento de modelos demo--económicos a acrescentar a outros modelos económicos já existentes.

Como é sabido, de uma maneira geral, os modelos keynesianos e neoclássicos eram de uma grande pobreza quanto às variáveis demográficas.

Os trabalhos de HARROD e DOMAR, construídos a partir da teoria de KEYNES, ainda que sendo modelos globais onde a variável população ocupa um lugar exógeno, constituem, no entanto, o ponto de partida para os modelos demo--económicos que se lhe seguirão.

---

[11] Para um maior aprofundamento desta matéria, cf. Óscar Soares BARATA, *Introdução à Demografia*, ISCSPU, Lisboa, 1968, pp. 432-461.

[12] Cf. Georges TAPINOS, *Éléments de Démographie – Analyse, déterminats socio-économiques et histoire des populations*, Armand Colin Éditeur, Paris, 1985, p. 305.

[13] Cf. ONU, *Rapport de la Conférence Mondiale des Nations Unies sur la Population*, Bucarest, Agosto de 1974, ONU, New York, 1975.

O modelo de A. J. COALE e E. M. HOOVER, aplicado à Índia, em 1958, é bem ilustrativo desta tendência[14].

Para construir o modelo, COALE e HOOVER socorreram-se da relação teórica clássica existente entre a diminuição da fecundidade e o crescimento económico. Daí ressaltam as seguintes interrelações:

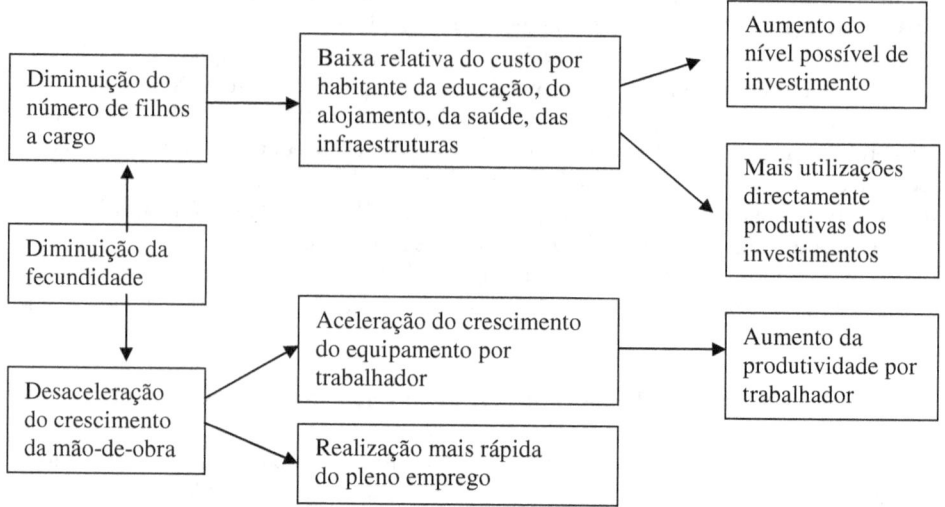

Fonte: Moulay Mamoune ALAOUI, *La Démographie*, 2e Ed., Ed. la Source, Marrakech, 1994, p. 208.

Como refere Georges TAPINOS, "*O modelo Coale-Hoover* explora os efeitos do crescimento da população, definido por duas hipóteses contrastadas de fecundidade — alta e baixa — sobre o crescimento económico. Ele postula duas relações económicas fundamentais: a poupança é tanto mais forte quanto a fecundidade é baixa; uma fecundidade elevada aumenta o investimento nos sectores não produtivos (escolas, hospitais...) em detrimento dos sectores produtivos (agricultura, indústria...)"[15]. São considerados dois horizontes temporais: a curto prazo – um período de 15 anos – e a longo prazo – por 50 anos .

Dada a importância teórica e histórica deste modelo, passa-se a expô-lo detalhadamente, seguindo de perto os seus autores[16].

A- Construção do Modelo

A. J. COALE e E. M. HOOVER, partem das seguintes hipóteses:
- 1956 é o ano de base. É-lhe atribuído o índice **0**.
- O montante das despesas públicas e dos investimentos privados (**F**), o rendimento nacional (**Y**), a preços de 1952-1953, e o efectivo

---

[14] Cf. Ansley J. COALE; Edgar M. HOOVER, *Population Growth and Economic Development in Low-Income Countries – A Case Study of India's Prospects*, Princeton University Press, Princeton, New Jersey, 1958.
[15] Georges TAPINOS, op. cit., p. 305.
[16] Cf. A. J. COALE; E. M. HOOVER, op. cit., pp. 259-283.

dos "equivalentes adultos" consumidores (**C**), em t_0, são conhecidos.

- A fórmula de cálculo de **F** é:

$$F = C \left[\frac{F_0}{C_0} + a \left(\frac{Y}{C} - \frac{Y_0}{C_0} \right) \right]$$

ou $\quad F = aY - \left(\dfrac{aY_0 - F_0}{C_0} \right) C$ \hfill (1)

onde **a** é um parâmetro, que varia segundo as várias hipóteses de projecção.

- O tamanho e a qualidade do efectivo da mão-de-obra são constantes, qualquer que seja a fecundidade, por um período máximo de 15 anos.
- Só são considerados os investimentos monetários.

Nestas condições, **F** depende unicamente de **Y** e de **C**. Mas como **C** é determinado pela demografia, o investimento é função do rendimento.

Os autores distinguem ainda os investimentos em bens de equipamento destinados a favorecer o crescimento directo (**D**), e os investimentos sociais destinados a fomentar o bem-estar (**W**).

Donde a identidade:
$$F = D + W \hfill (2)$$

Os investimentos em bens de equipamento (**D**) são considerados como uma variável exógena. Por sua vez, os investimentos sociais destinados a incrementar o bem-estar (**W**) são divididos em dois tipos: os investimentos correspondentes às necessidades da população actual — (**W_c**) — e os que são necessários para a população adicional — (**W_i**). Donde:
$$W = W_c + W_i \hfill (3)$$

Para estimar **Wc** e **Wi** os autores colocam as seguintes hipóteses:
- A satisfação das necessidades iniciais de um novo membro da sociedade exige dez vezes mais que a manutenção posterior desse indivíduo, o que se traduz na fórmula:

$$\frac{W_i}{W_c} = 10p \hfill (4)$$

sendo **p** a taxa de crescimento da população.

- Uma parte constante (7.25%) do rendimento é consagrada a investimentos sociais:

$$Wc = \left[\frac{(W_c)_0}{Y_0} \right] Y = 0.0725Y \hfill (5)$$

Donde se obtém:
$$W_i = 10p \ W_c = 0.725p \ Y$$

23

e
$$W = 0.0725\ Y\ (1 + 10p)\tag{6}$$
A identidade (2) permite então escrever:
$$F = D + 0.0725Y\ (1 + 10\ p)\tag{7}$$

A equação (7) representa a nova expressão do investimento em função do rendimento nacional.

Relacionando (1) e (7), A. J. COALE e E. M. HOOVER obtêm um sistema de duas equações a duas incógnitas que permite calcular F e Y. O que possibilita o cálculo do montante do investimento social, distinguindo W_c e W_i.

G, o montante das despesas referentes ao crescimento é função de D, W_c e W_i, como se estabelece na seguinte expressão:
$$G = D + (e_c\ W_c + e_i\ W_i)\ L + (e_c\ W_c + e_i\ W_i)_{t\text{-}15}\ (1 - L)_{t\text{-}15}\tag{8}$$
Onde: L representa a relação da força de trabalho sobre a população;

t-15 refere-se a 15 anos antes do ano corrente;

e_c e e_i são parâmetros: no caso, $e_{c\,=\,0.5}$ e $e_{i\,=\,0}$

Essa fórmula pode-se transformar nestoutra, para a 1ª projecção:
$$G = F - W + 0.5\ L\ Wc + 0.5\ (1 - L)_{t\text{-}15}\ (Wc)_{t\text{-}15}$$

Estas fórmulas permitem determinar o crescimento do rendimento total e, consequentemente, o rendimento total no período seguinte. Para isso, parte-se da equação diferencial linear da seguinte forma:

$$Y_{t+2.5} = Y_t + \frac{2,5\ G}{R}\tag{9}$$
onde $R = m + nt$ (10)

sendo R o rácio entre G e Y, m e n dois parâmetros: m representa o valor inicial do coeficiente de capital e n representa a crescimento anual.

No caso concreto, para o início do conjunto de projecções feitas pelos autores:
$R = 3.0 + 0.2t$

O objectivo deste tipo de modelo é estudar a influência da fecundidade sobre o rendimento nacional e a sua taxa de crescimento. Atribuindo diferentes valores aos parâmetros a, e_c, e_i, m e n, COALE e HOOVER fizeram várias projecções correspondentes a diferentes hipóteses de fecundidade[17].

B- Aplicação do Modelo

No modelo proposto, A. J. COALE e E. M. HOOVER demonstraram que o rendimento por consumidor aumenta menos (entre 26% a 57%) se o crescimento da população é elevado do que se esse crescimento for fraco (76% a 133%), segundo as

---

[17] Cf. Moulay Mamoune ALAOUI, *La Démographie*, 2e Ed., Ed. la Source, Marrakech, 1994, p. 211.

sete projecções elaboradas. O seguinte Quadro assinala o resultado das diferentes projecções feitas pelos autores:

QUADRO N.º 2
RELAÇÃO DO RENDIMENTO/HABITANTE
SEGUNDO O ESTADO DA FECUNDIDADE
1956-1986

Projecções	Rácio Percentual de Rendimento por Consumidor Em Baixa e Alta Fecundidade							Rendimento por Consumidor Projectado Para 1986 (1956=100)	
	1956	1961	1966	1971	1976	1981	1986	Fecund. forte	Fecund. baixa
Projecção de base: (a=0.3) (e_i=0) (e_c=0.5) (R=0.3+0.02t)	100	101	103	107	114	126	141	138	195
Projecção 2: (a=0.25)	100	101	103	107	113	124	138	129	177
Projecção 3: (a=0.35)	100	101	103	107	115	127	145	150	217
Projecção 4: (e_i=e_c=0)	100	101	103	108	116	130	148	157	233
Projecção 5: (e_i=e_c=0.5)	100	101	103	107	113	124	138	138	191
Projecção 6: (R=3.0)	100	101	103	107	115	126	143	155	221
Projecção 7: (R=3.0+0.04t)	100	101	103	107	114	125	140	136	176

1956 = 100.
Fonte: A. J. COALE e E. M. HOOVER, op. cit., p. 280.

Neste modelo, COALE e HOOVER omitiram tomar em conta o custo dos programas de redução da fecundidade. Por isso, Paul DEMENY procurou culmatar esssa lacuna com a integração do preço dos referidos programas[18]. Para isso, DEMENY parte da seguinte equação básica:

$$Y_{t+1} = gY_t + \frac{S}{R} \ Y_t \ a$$

onde:

Y = rendimento total;
S = propensão média à poupança;
g = factor exógeno de crescimento;
R = coeficiente de capital.

A função da poupança é a de COALE e HOOVER, com a seguinte notação:

$$S_t = SY_t = P_t \left[\frac{S_0 \ Y_0}{P_0} + a \left(\frac{Y_t}{P_t} - \frac{Y_0}{P_0} \right) \right]$$

Segundo COALE e HOOVER, a vantagem de uma baixa na fecundidade resultava do facto de haver uma maior quantidade de bens de equipamento para um

---

[18] Cf. P. DEMENY, "Investment Allocation and Population Growth", in Rev. *Demography*, 2, 1965.

efectivo de mão-de-obra estável. Estes resultados tornam-se menos favoráveis quando os investimentos demográficos substituem investimentos em bens de equipamento.

Para evitar isso, DEMENY põe a seguinte condição: O investimento consagrado à diminuição da fecundidade não deve implicar um nível de rendimento por consumidor adulto inferior ao que se verificaria se tal investimento não existisse. O que leva a exprimir o montante máximo admissível de investimento demográfico da seguinte forma:

Max D = (Poupança em caso de investimento demográfico) – (Investimento não demográfico necessário para que)

$$Y^*_t / P^*_t = Y_t / P_t$$

* exprime o valor que resulta do investimento demográfico.

Após ter determinado os diferentes parâmetros, Paul DEMENY calcula uma série de indicadores que esclarecem sobre as políticas a seguir. Mas o carácter restritivo das hipóteses limita a validade das conclusões:

- Primeiro, o montante máximo admissível do investimento demográfico depende da produtividade dos investimentos e das economias de escala eventuais;
- Segundo, a hipótese de COALE e HOOVER sobre o coeficiente de capital faz com que a produção final seja unicamente função do "stock" de capital, o que implica que a produtividade marginal do trabalho seja nula, suprimindo a possibilidade de adoptar métodos à forte intensidade de mão--de-obra;
- Em terceiro lugar, supõe-se que a poupança é idêntica à acumulação de capital, único factor produtivo, ainda que a população actue sobre a produção final[19].

O modelo de A. J. COALE e E. M. HOOVER foi objecto de várias críticas por diversos autores, nomeadamente Gunnar MYRDAL, J. SIMON, etc. O que não impediu o surgimento de outros modelos demo-económicos como o "Modelo de ENKE"[20], o "Modelo de ZAIDAN"[21], o "Modelo de Léon TABAH"[22], o "Modelo de SINGER"[23], o "Modelo de JORGENSON"[24], os "Modelos BACHUE", do B.I.T.[25], e muitos outros.

---

[19] Cf. Moulay Mamoune ALAOUI, op. cit., pp. 212-213.

[20] Cf. S. ENKE, "The economics of government payments to limit population", in *Economic Development and Cultural Change*, n.º 4, July 1960.

[21] Cf. G. ZAIDAN, "The Foregone benefits and costs of prevented birth: Conceptual problems and an application to the UARBIRD", Working Paper n.º 11, Janeiro de 1968. Jean Didier LECAILLON, *L'Économie de la Sous-Population*, PUF, 1977, pp. 38-43.

[22] Cf. L. TABAH, "Démographie et aide au Tiers-Monde - Les Modèles", in Rev. *Population*, Vol 23, 1968.

[23] Cf. H. W. SINGER, "The mechanics of economic development", in *The Indian Economic Review*, reproduzido em A.N. AGARWALA e S. P. SINGER, *The Economic of Underdevelopment*, Oxford University Press, 1958, pp. 381-399.

[24] Cf. D. JORGENSON, "The development of a dual economy", in *Economic Journal*, Vol. 71, June 1961, pp. 309-334.

[25] Cf. RODGERS, HOPKINS e WERY, "Bachue Philippines", B.I.T., Genève, 1978; ANKE e KNOWLES, "Bachue Kenya", B.I.T., Genève, 1980; BRAGANÇA, FIGUEIREDO e RATO, "Bachue Brésil", B.I.T., Genève, 1980; ...; M. J. D. HOPKINS, G. B. RODGERS e R. WERY, "L'utilisation du Bachue pour évaluer des politiques démographiques et une stratégie des besoins essentials" in *Revue Internationale du Travail*, Vol. 114, n.º 3, nov.-déc. 1976, BIT, Genève, pp. 291-312.

Segundo Georges TAPINOS, as críticas ao modelo de COALE-HOOVER "incidem essencialmente sobre dois pontos. Primeiramente, a relação fundamental do modelo é a ligação negativa entre a dimensão do agregado e a sua capacidade de poupança, donde resulta que a redução da fecundidade é determinante para o crescimento. Na realidade, não é certo que a baixa da fecundidade aumente a poupança dos agregados, nem, por outro lado, que a poupança dos agregados seja a componente essencial da acumulação. Em segundo lugar, a baixa da fecundidade não pode intervir sem uma transformação profunda da sociedade, o que não permite considerá-la como uma variável de controlo que se possa manipular"[26].

2.2.- Da noção à teoria/ideologia dos modelos

Como refere Cristophe VANDESCHRICK "a actividade científica pode-se conceber como um grande trabalho de demolição-reconstrução. Num primeiro tempo, os esforços dos cientistas procuram identificar os constituintes de base dos objectos estudados. O meio mais seguro de alcançar este objectivo é proceder a uma demolição sistemática do objecto; é o que deveria realizar a análise, identificando os elementos de base constitutivos do objecto estudado assim como as ligações entre esses elementos. Num segundo tempo, é a reconstrução do objecto que é visada: com o auxílio das peças (os elementos de base) e do plano (as ligações entre os elementos), o objecto será reconstruído. É nesta fase que os modelos intervêm. Os modelos demográficos de que se trata aqui são conjuntos de equações (as ligações) entre diferentes variáveis (os elementos)[27].

A palavra "modelo" é um termo polivalente. Assim, numa acepção corrente, começa por significar "tipo", "espécie", como quando se fala dos diferentes "modelos" de uma marca de carros; exemplo/ideal de beleza (*top-models*), de obra de arte, de santidade, de virtudes, etc. No caso que estamos a analisar, "modelo" será tomado numa outra acepção: um conjunto de relações entre diferentes variáveis elaborado com o objectivo de reconstituir um objecto observado e analisado. Como tal, um modelo pode-se expressar por frases, por esquemas ou por equações. Daí que, proceder a uma modelização implica constituir um conjunto de relações entre diferentes variáveis[28].

A modelização implica dois tipos de variáveis: as variáveis de entrada (*inputs* ou variáveis exógenas, cujos valores, exteriores ao modelo, são escolhidos/fixados pelo utilizador, para o cálculo dos resultados) e as variáveis de saída (*outputs* ou variáveis endógenas, interiores ao modelo) constituídas pelos próprios resultados calculados pelo modelo[29].

Como sintetiza VANDESCHRICK, "a finalidade de um modelo é o cálculo de resultados em função das entradas. Dir-se-á que esses resultados são obtidos por simulação. Neste contexto, simular consiste em estimar através do modelo o valor de

---

[26] Georges TAPINOS, op. cit., pp. 305-306.
[27] Cristophe VANDESCHRICK, *Du passé au future – Initiation aux logiciels de perspectives démographiques*, 2e Ed., Col. Population et Développement, n.º 3, Academia-Bruylant/L'Harmattan, Louvain-la-Neuve/Paris, 1998, p. 13.
[28] Cf. Idem, op. cit., pp.18-21.
[29] Cf. Idem, op. cit., p. 21.

certas variáveis (os resultados) após ter fixado o valor de outras variáveis (as entradas)"[30].

O modelo escolhido tem de ser fiável, isto é, capaz de representar correctamente o fenómeno a estudar. Para o que deve ser testado, tendo em conta que "a simples adequação entre o observado e o calculado não é suficiente para assegurar definitivamente a fiabilidade do modelo. Pode acontecer que essa adequação seja fruto do acaso ou de um encadeamento de relações incorrecto. Para eliminar esse risco, seria necessário verificar uma a uma todas as relações do modelo assim como a lógica do seu encadeamento"[31].

Se um modelo for fiável, ele poderá ser utilizado para a realização de perspectivas que permitam perscrutar o futuro. E aqui há que ter em conta o(s) tipo(s) de *inputs* (entradas) a utilizar e que podem ser de duas categorias bem distintas:

- Os **dados,** geralmente entradas para o ano de base;
- As **hipóteses,** usualmente entradas para o(s) ano(s) posterior(es) ao ano de base.

Enquanto os **dados** resultam de uma observação, quer tenham sido bem ou mal recolhidos, as **hipóteses** são fruto de uma opção por parte do investigador.

A escolha das hipóteses constitui uma etapa importante quando se pretende fazer um trabalho perspectivo. E aqui não há uma resposta "standard" para a questão de saber como escolher as hipóteses: tudo depende dos objectivos pretendidos.

Também, "segundo o seu grau de verosimilhança e a sua duração, as perspectivas não têm o mesmo nome. Uma previsão é uma perspectiva a curto prazo e cujas hipóteses se pretendem realistas: procura-se estimar com a maior precisão o efectivo da população num futuro relativamente próximo. Se, pelo contrário, a preocupação do realismo desaparece e/ou se a duração da perspectiva se alonga, tratar-se-á de uma projecção"[32].

Um outro aspecto a ter em conta aquando da aplicação de um modelo é a sua eventual envolvente "teórico/ideológica". Se num modelo estritamente demográfico esse problema praticamente não se põe, o mesmo não acontece quando se pretende relacionar, por exemplo, população e desenvolvimento. Basta atentar nas diversas teorias, por vezes bem contraditórias, sobre essa matéria, de MALTHUS a BOSERUP[33], passando pela posição dos Países do Sul na Conferência de Bucarest, etc., etc. O seguinte esquema tenta sintetizar esta problemática:

[30] Idem, ibid.
[31] Idem, op. cit., p. 22.
[32] Idem, op. cit., p. 28.
[33]Cf. E. BOSERUP, *Évolution agraire et pression démographique* (1965), Trad. francesa, Flammarion, Paris, 1970.

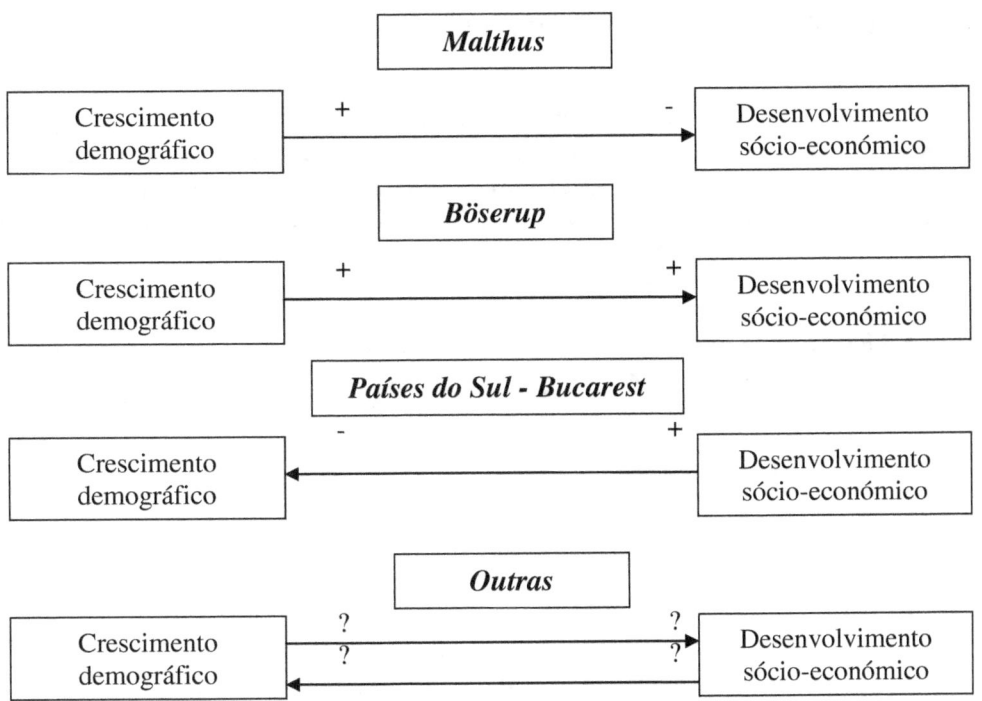

Fonte: Adaptado de Christophe VANDESCHRICK, op. cit., p. 30.

Por aqui se vê que, construir um modelo sobre "população e desenvolvimento" implica optar por uma teoria. Mas, "ainda que seja necessário utilizá-los com prudência, os modelos constituem auxiliares preciosos, tanto para a análise de um problema como para a realização de perspectivas. (...) Neste contexto – ao acrescentar a grande capacidade de cálculo, e até o carácter quase mágico da versão informática dos modelos em programas informáticos –, não é de admirar que os modelos se espalhem por toda a parte ou quase; o contrário é que seria de admirar"[34]!

A grande vantagem dos programas informáticos, de que hoje existe um considerável número aplicado à demografia, em geral, e às perspectivas demográficas, em particular, é libertar o investigador da elaboração de cálculos fastidiosos e dos eventuais erros de cálculo daí resultantes.

Na projecção demográfica que aqui se vai fazer para a Guiné-Bissau segue-se o método das componentes, utilizando, para o efeito, a versão 3.0 do programa informático *DEMPROJ*, desenvolvido pelo *Futures Group*, que, na versão referida, tem um módulo específico para análise da epidemia do VIH/SIDA. O modelo em que assenta este programa baseia-se na metodologia desenvolvida pelas Nações Unidas[35] e pelo Programa Global para o VIH/SIDA, da OMS[36].

---

[34] Christophe VANDESCHRICK, op. cit., p. 31.
[35] Cf. United NATIONS, *Population Projections: Methodology of United Nations*, Population Studies N.º 83, Department of International Economic and Social Affaires, New York, 1984.
[36] Cf. James CHIN e Jonathan MANN, *Bull WHO*, Global Programme on AIDS, WHO, 1989.

3.- PARA UMA PROJECÇÃO DA POPULAÇÃO NA GUINÉ-BISSAU

Como é sabido, uma população varia pelas ENTRADAS — Natalidade e Imigração — e SAÍDAS — Mortalidade e Emigração — dos seus elementos. A Natalidade e a Mortalidade definem o **movimento natural**, enquanto que a Imigração e a Emigração resultam no **saldo migratório**. Daí que o **balanço demográfico** de um determinado período temporal seja igual a:

$$B = N - M + I - E$$

ou à diferença entre o efectivo da População no fim do período (P_{t+n}) e o respectivo efectivo no princípio do período (P_t):

$$B = P_{t+n} - P_t \quad {}^{37}$$

onde

B = Balanço demográfico;
N = Nados Vivos;
M = Mortos;
I = Imigrantes;
E = Emigrantes;
P_t = População no início do período;
P_{t+n} = População no fim do período.

A partir do conhecimento do aumento da população num determinado período de tempo, pode-se calcular a taxa correspondente a esse ritmo de crescimento. Assim, se

r = taxa de crescimento;
n = taxa de natalidade;
m = taxa de mortalidade;
i = taxa de imigração;
e = taxa de emigração;

no decurso de um ano, pode-se escrever:

$$r = \frac{P_{t+1} - P_t}{\dfrac{P_{t+1} + P_t}{2}}$$

ou ainda: $\qquad r = (n - m) + (i - e)$

Se uma população passa do efectivo P_t, no momento t, ao efectivo P_{t+1}, no instante $t + 1$, a sua taxa de crescimento

$$r = \frac{P_{t+1} - P_t}{P_t}, \quad \text{ou} \quad P_{t+1} = P_t (1 + r)$$

---

[37] Cf. Georges TAPINOS, op. cit., p. 173.

Daqui se pode generalizar a fórmula de cálculo para n períodos. Assim, no final do primeiro período, o efectivo populacional será de $P_t (1 + r)$; no termo do segundo período ter-se-á $P_t (1 + r) (1 + r) = P_t (1 + r)^2$ e, no fim de n períodos: $P_{t+n} = P_t (1 + r)^n$. A série dos valores de P_t até P_{t+n} formam uma sucessão geométrica de raiz $(1 + r)$ [38].

A fórmula de crescimento geométrico, assim obtida, pode ser transformada na fórmula de crescimento exponencial. Considerando P_t o efectivo no instante t e $P_{t+\Delta t}$, no momento $t+\Delta t$, define-se uma taxa de crescimento instantâneo ρ, como o limite da relação $\dfrac{P_{t+\Delta t} - P_t}{P_t \Delta t}$, quando Δt tende para zero. Supondo uma taxa de crescimento constante, resulta:

$$P_t = P_0 \, e^{\rho t}$$

onde e é a base dos logaritmos naturais [39].

A utilização destas fórmulas de ajustamento geométrico ou de crescimento exponencial bastaria para uma simples e rápida projecção da população guineense, uma vez calculada a taxa de crescimento, por exemplo entre os dois últimos Censos. Mas essa taxa de crescimento pode e deve ser desagregada, pois, como se viu, ela é a síntese da interdependência de vários outros fenómenos demográficos: natalidade, mortalidade e mobilidade espacial de uma população. É a interacção destas componentes que conduz a população a um aumento, a uma diminuição ou à estabilidade quantitativa [40].

Tendo em conta estes pressupostos, é possível produzir um conjunto de variantes teóricas de uma eventual evolução da população da Guiné-Bissau para os próximos anos. Apenas se necessita, como *inputs*, para utilizar como variáveis exógenas no modelo do programa informático *DEMPROJ* referido:

- População graduada, do Censo de 1991;
- Taxa de fecundidade;
- Razão dos sexos, à nascença;
- Padrão de fecundidade;
- Esperança média de vida, à nascença, para Homens e Mulheres – EMV;
- Saldos migratórios masculino e feminino.

3.1.- Variáveis exógenas para a projecção demográfica

A publicação dos dados definitivos do Censo de 1991, da Guiné-Bissau, foi feita em Junho de 1996 [41]. A partir daqui, passa-se a apresentar os dados necessários à projecção pretendida.

[38] Cf. Idem, op. cit., p. 176.
[39] Cf. Idem, op. cit., p. 177.
[40] Cf. Manuel de Azevedo ANTUNES, "População e Desenvolvimento em Moçambique", in Fernando SANTOS NEVES (org.), *A Globalização Societal Contemporânea e o Espaço Lusófono: Mitideologias, Realidades e Potencialidades*, Edições Universitárias Lusófonas, Lisboa, 2000, p. 195.
[41] Instituto Nacional de Estatística e CENSOS, *Recenseamento Geral da População e Habitação 1991*, Resultados Definitivos, Vol. I, Nível Nacional, Ministério do Plano e Cooperação Internacional, Secretaria de Estado do Plano, República da Guiné-Bissau, Junho de 1996.

ESTRUTURA POR SEXO E IDADES

Idade	Ambos sexos População	%	Homens População	%	Mulheres População	%	Ind.Masc.
	979203	100.00	472560	100.00	506643	100.00	93.27
0 a 4	166260	16.98	83811	17.74	82449	16.27	101.65
5 a 9	170700	17.43	86519	18.31	84181	16.62	102.78
10 a 14	119886	12.24	61972	13.11	57914	11.43	107.01
15 a 19	93073	9.50	44649	9.45	48424	9.56	92.20
20 a 24	70585	7.21	30967	6.55	39618	7.82	78.16
25 a 29	72338	7.39	30912	6.54	41426	8.18	74.62
30 a 34	56692	5.79	24047	5.09	32645	6.44	73.66
35 a 39	47272	4.83	21392	4.53	25880	5.11	82.66
40 a 44	37070	3.79	16798	3.55	20272	4.00	82.86
45 a 49	30357	3.10	14819	3.14	15538	3.07	95.37
50 a 54	26401	2.70	11731	2.48	14670	2.90	79.97
55 a 59	16428	1.68	8129	1.72	8299	1.64	97.95
60 a 64	22988	2.35	10853	2.30	12135	2.40	89.44
65 a 69	14220	1.45	7630	1.61	6590	1.30	115.78
70 a 74	12993	1.33	6690	1.42	6303	1.24	106.14
75 a 79	7059	0.72	3968	0.84	3091	0.61	128.37
80 a 84	6996	0.71	3543	0.75	3453	0.68	102.61
85 a 89	3317	0.34	1838	0.39	1479	0.29	124.27
90 a 94	2265	0.23	1173	0.25	1092	0.22	107.42
95 e +	2303	0.24	1119	0.24	1184	0.23	94.51

Grandes Grupos Funcionais:

Idade	Ambos sexos População	%	Homens População	%	Mulheres População	%	Ind.Masc.
0 a 14	456846	46.65	232302	49.16	224544	44.32	103.46
15 a 64	473204	48.33	214297	45.35	258907	51.10	82.77
65 e mais	49153	5.02	25961	5.49	23192	4.58	111.94

Idade Média:	22.712	22.368	23.033
Idade Mediana:	16.500	15.319	17.899

Uma análise mais apurada dos dados, pelo cálculo dos Índices de MYERS e de WHIPPLE, leva a verificar:

PREFERÊNCIA DE DÍGITOS

MYERS: DÍGITO	Ambos sexos D. Rel	Desv 10%	Homens D. Rel	Desv 10%	Mulheres D. Rel	Desv 10%
0	21.07	11.07	18.66	8.66	23.11	13.11
1	7.61	-2.39	8.10	-1.90	7.20	-2.80
2	8.44	-1.56	8.69	-1.31	8.23	-1.77
3	6.91	-3.09	7.41	-2.59	6.49	-3.51
4	6.24	-3.76	6.84	-3.16	5.73	-4.27
5	16.07	6.07	15.76	5.76	16.32	6.32
6	7.63	-2.37	7.91	-2.09	7.39	-2.61
7	8.26	-1.74	8.64	-1.36	7.94	-2.06
8	9.94	-0.06	9.94	-0.06	9.94	-0.06
9	7.84	-2.16	8.05	-1.95	7.66	-2.34
Myers(Resumo):	34.27		28.86		38.87	
WHIPPLE:	203.35		184.58		218.54	

Donde se pode concluir pela má qualidade dos dados, dada a grande atracção pelos dígitos 0 e 5 e a correspondente repulsão por todos os outros.

A seguinte Pirâmide Etária ilustra, graficamente, a população residente na Guiné-Bissau, segundo os dados não ajustados, do Censo de 1991, a nível nacional:

GRÁFICO N.º 2

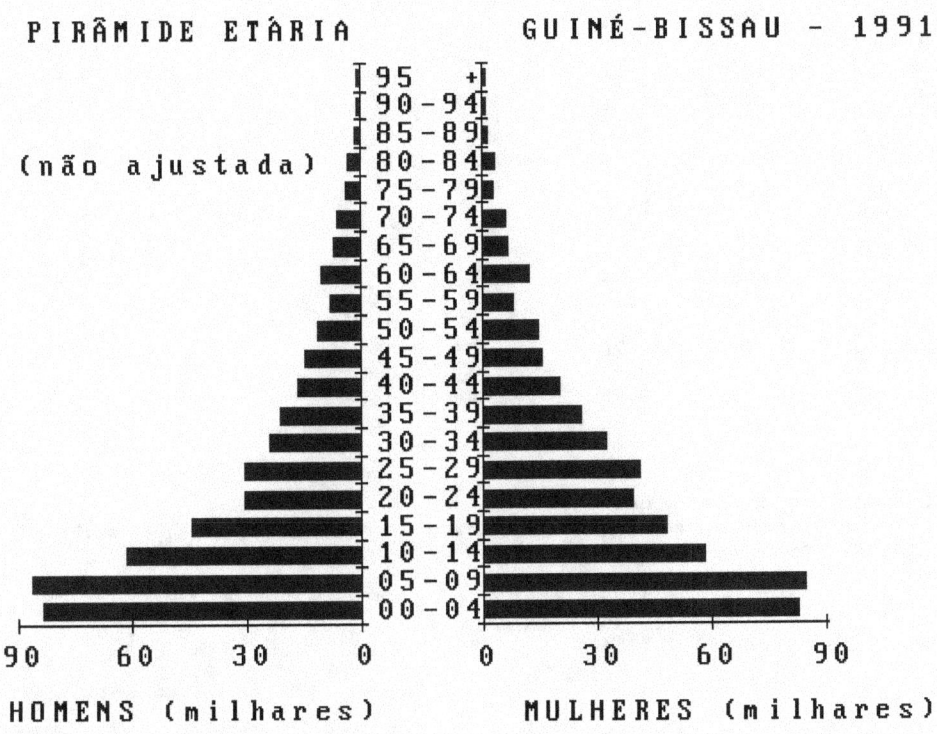

Fonte: Censo de 1991.

A partir dos dados anteriores, sobre a estrutura da população, procedeu-se a um ajustamento dos mesmos, com os acertos apropriados para manter os totais populacionais idênticos aos dos dados não ajustados. E o resultado foi:

II RECENSEAMENTO GERAL DA POPULAÇÃO
GUINÉ-BISSAU – 1991
ESTRUTURA POR SEXO E IDADES
Dados Ajustados

Idade	Ambos sexos População	%	Homens População	%	Mulheres População	%	Ind.Masc.
	979203	100.00	472560	100.00	506643	100.00	93.27
0 a 4	172582	17.62	87232	18.46	85350	16.85	102.21
5 a 9	149396	15.26	76313	16.15	73083	14.42	104.42
10 a 14	110582	11.29	55378	11.72	55204	10.90	100.32
15 a 19	85931	8.78	39875	8.44	46056	9.09	86.58
20 a 24	75564	7.72	33007	6.98	42557	8.40	77.56
25 a 29	68618	7.01	29547	6.25	39071	7.71	75.62
30 a 34	56085	5.73	24787	5.25	31298	6.18	79.20
35 a 39	46273	4.73	21162	4.48	25111	4.96	84.27
40 a 44	37816	3.86	17876	3.78	19940	3.94	89.65
45 a 49	32481	3.32	15342	3.25	17139	3.38	89.52
50 a 54	25517	2.61	11997	2.54	13520	2.67	88.74
55 a 59	23810	2.43	11558	2.45	12252	2.42	94.34
60 a 64	22699	2.32	11304	2.39	11395	2.25	99.20
65 a 69	17709	1.81	9227	1.95	8482	1.67	108.78
70 a 74	14128	1.44	7396	1.57	6732	1.33	109.86
75 a 79	11130	1.14	5823	1.23	5307	1.05	109.72
80 a 84	9259	0.95	4758	1.01	4501	0.89	105.71
85 a 89	6894	0.70	3573	0.76	3321	0.66	107.59
90 a 94	6386	0.65	3213	0.68	3173	0.63	101.26
95 e +	6343	0.65	3192	0.68	3151	0.62	101.30

Grandes Grupos Funcionais:

Idade	Ambos sexos População	%	Homens População	%	Mulheres População	%	Ind.Masc.
0 a 14	432560	44.17	218923	46.33	213637	42.17	102.47
15 a 64	474794	48.49	216455	45.80	258339	50.99	83.79
65 e mais	71849	7.34	37182	7.87	34667	6.84	107.25

	Ambos sexos	Homens	Mulheres
Idade Média:	25.040	24.861	25.207
Idade Mediana:	18.319	17.176	19.308

O que é ilustrado pela seguinte Pirâmide Etária:

GRÁFICO N.º 3

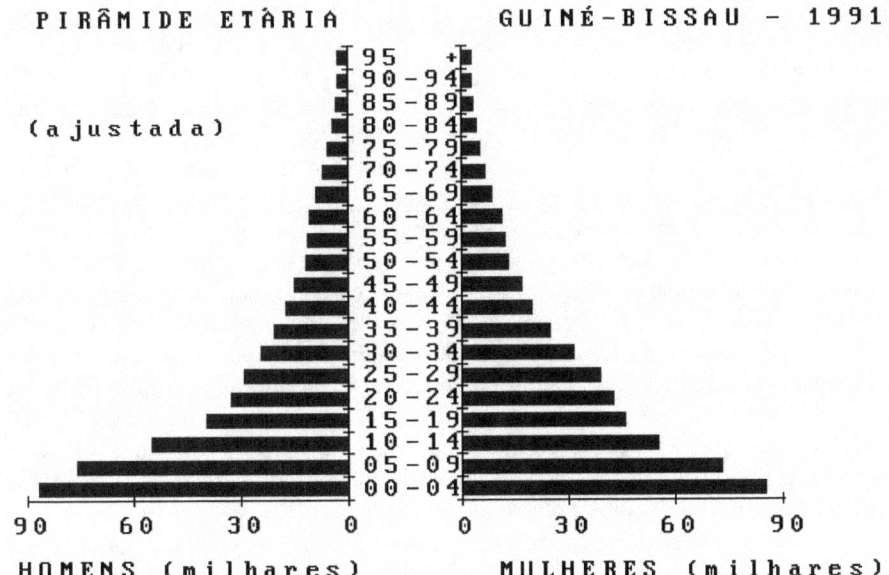

PIRÂMIDE ETÁRIA   GUINÉ-BISSAU - 1991

(ajustada)

HOMENS (milhares)   MULHERES (milhares)

Fonte: Censo de 1991. Dados Ajustados.

Como se pode constatar, a população guineense é essencialmente jovem, com uns cerca de 45% de idades inferiores a 15 anos e à volta de 8% com idade igual ou superior a 65 anos. Daí que não seja de admirar que apresente uma Idade Mediana relativamente baixa: 16.5 anos segundo os dados declarados e 18.3 anos nos dados ajustados.

Por outro lado, no que respeita à distribuição dos sexos pelos diferentes grupos etários, se há um relativamente equilibrado Índice Geral de Masculinidade — da ordem dos 93% —, esse Índice ultrapassa os 100% entre a população jovem e a população idosa.

Para a projecção em vista, decidiu-se optar por esta população ajustada, de forma a reduzir os factores de distorção existentes. O que está mais de acordo com a estrutura das populações dos países da região, com elevados níveis de fecundidade, que se reflectem na base alargada da Pirâmide Etária.

Uma outra variável exógena a ter em conta para a projecção que pretendemos é a **fecundidade**.

2º- A Fecundidade

Desde a data da publicação do livro de John GRAUNT, *Natural and Political Observations upon the Bills of Mortality* [42], em 1662, por muitos justamente considerada a obra fundadora da Demografia, que, como refere Hervé le BRAS, "até aos anos de 1920, não foi possível pôr em correspondência e coerência o crescimento

---

[42] Cf. John GRAUNT, *Natural and Political Observations mentioned in a following Index, and made upon the Bills of Mortality*, John Martin, London, 1662.

demográfico e a fecundidade dos casais"[43]. Isso porque nem sequer estavam, no século XVII, suficientemente desenvolvidas as noções de sucessões geométricas ou exponenciais. Além disso, faltava esclarecer a relação do número médio de filhos por família com o crescimento da população. "A síntese dos dois fenómenos torna-se possível na Europa dos anos de 1920 graças a convenções escolhidas por Lotka em referência a populações animais e graças à generalização em todos os países industriais de uma forma particular de previsão demográfica, a projecção por componentes, que põe o acento no percurso de cada classe de idades separadamente, e na sua comparação na pirâmide de idades, cujo uso se propaga na mesma época"[44].

De facto, "num curto e fascinante artigo publicado em 1911 nas *philosophical transactions*, um jovem matemático, Alfredo Lotka, encontra uma solução simplificando a situação. Em vez de atribuir os nascimentos aos casais, fá-los depender somente da mãe. Pode-se assim pôr de lado a mecânica complicada do casamento, da viuvez, do recasamento e dos nascimentos fora do casamento, que era indispensável a Malthus para ilustrar o papel da sujeição moral. (...). Só o período em que a mulher é fecunda tem importância para Lotka. Os nascimentos são, então, repartidos em função da idade da mãe, segundo uma função de fecundidade, isto é, uma sequência de taxas que medem em cada idade a proporção de mulheres que dariam à luz um filho (taxas de fecundidade por idade)"[45].

Daí ao modelo das "populações estáveis" foi um passo. "Lotka tratou a população humana como se tratasse de uma população animal. Lotka tinha, de facto, concebido o projecto de uma matemática biológica à qual consagrou, aliás, um grade volume em 1921. (...). Por outro lado, já que o comportamento animal não evolui, pelo menos à nossa escala do tempo, pode-se considerar que as taxas de mortalidade e de fecundidade por idade não variam. Enfim, já que se trata de descrever o comportamento de uma espécie no seu todo, não há que ter em conta as migrações"[46].

Se, em 1911, o trabalho de LOTKA passou quase despercebido, a sua metodologia para prever a evolução da população começou a ser adoptada, a partir dos anos 20, pelos estatísticos dos diversos serviços nacionais que se ocupavam dos números sobre a população[47].

É essa metodologia preconizada por LOTKA, que ainda hoje está presente, de alguma forma, nos actuais modelos de projecções demográficas, nomeadamente no que se vai aplicar para a Guiné-Bissau.

Segundo os dados não ajustados do Censo de 1991, da Guiné-Bissau, ter-se-ia:

---

[43] Hervé le BRAS, "Peuples et Populations", in Hervé Le BRAS (org.) et al., *L'Invention des populations – Biologie, idéologie et politique*, Ed. Odile Jacob, Paris, 2000, p. 30.
[44] Idem, ibid.
[45] Idem, op. cit., pp. 41-42.
[46] Idem, op. cit., p. 43.
[47] Cf. Idem, op. cit., pp. 44-54.

QUADRO N.º 3
ESTIMATIVA DA FECUNDIDADE TOTAL
PAÍS TOTAL
- 1991 -

GRUPOS ETÁRIOS	POPULAÇÃO FEMININA	FILHOS NASCIDOS VIVOS	MÉDIA DE FILHOS (a) NASC. VIVOS
			P_i
15-19	48424	103999	2.148
20-24	39618	112318	2.835
25-29	41426	149751	3.615
30-34	32645	140236	4.296
35-39	25880	124124	4.796
40-44	20272	99313	4.899
45-49	15538	78084	5.025

(a) Paridades declaradas.
Fonte: INEC, *Recenseamento Geral da População e Habitação 1991, Resultados Definitivos*, Vol. I, Nível Nacional, República da Guiné--Bissau, Junho de 1996, Tabela 4.1.

Adoptando a fórmula de COALE-DEMENY,

$$FT = (P_3)^2 / P_2$$

Onde: FT = fecundidade total ou descendência final
P_2 = paridade ou descendência média do grupo etário feminino de 20-24 anos
P_3 = paridade as mulheres de 25-29 anos[48],

ter-se-ia, como Fecundidade Total, uma média de **4.61** filhos por mulher em idade fértil. E, aplicando a correcção proposta por BRASS[49],

$$FT = P_2(P_4/P_3)^4$$

esse número eleva-se para **5.65**.

A falta de informação sobre os nados vivos nos últimos 12 meses não permite aplicar o método do ajustamento da fecundidade por idades específicas, preconizado por BRASS.

---

[48] Cf. Departamento de Assuntos Económicos y Sociales/Naciones Unidas, *Manuel IV – Métodos para establecer medicionaes demográficas fundamentales a partir de datos incompletos,* Nueva York, 1968, p. 38.
[49] Cf. Department of Statistics ZANZIBAR, *Workbook on Demographic Analysis,* 1983, p. 129.

Por outro lado, da aplicação do método de RELE, para uma Esperança Média de Vida, à nascença, de 42.7 anos, resultam valores da ordem dos **6.06** filhos por mulher, se for adoptado o "ratio" de [Crianças(0-4) / Mulheres(15-44)], com uma Taxa Bruta de Reprodução de 2.95.

Tendo em conta os valores encontrados nos países limítrofes, no Censo de 1979 e no Inquérito Demográfico e Sanitário de 1989, da Guiné-Bissau, parece que esse número de 6.06 é perfeitamente coerente e aceitável, pelo que se passa a adoptar tal valor. Por outro lado, na falta de dados mais fiáveis, toma-se como padrão de fecundidade o calculado no referido Inquérito Demográfico e Sanitário.

3º- A Mortalidade

Para a projecção a fazer é também necessário entrar em linha de conta com a **mortalidade**. Na falta de dados mais fiáveis sobre esta matéria, toma-se como ponto de partida, para o respectivo cálculo, a esperança média de vida à nascença fornecida pelos Relatórios do Desenvolvimento Humano, do PNUD, para os anos de 1990 e 1992, calculando a respectiva média para 1991, obtendo, assim, um valor de **42.7** anos para ambos os sexos[50].

Posteriormente, elaboraram-se as seguintes Tábuas Abreviadas de Mortalidade, correspondentes ao Modelo Oeste, das Tábuas de Princeton-83, a utilizar no modelo informático preconizado:

---

[50] Cf. PNUD, *Rapport Mondial sur le Développement Humain 1990*, (Tit. orig. *Human Development Report 1990*), Economica, Paris, 1990; PNUD, *Relatório do Desenvolvimento Humano 1995*, (Tit. orig. *Human Development Report* 1995), Tricontinental Editora, Lisboa, 1995, p. 157.

Mulheres

x = idade	1000*Q(x)	D(x)	1000*M	l(x)	L(x)	T(x)	E(x)
0	151.71	15171	168.30	100000	90139.1	4415518.5	44.155
1	97.96	8310	26.18	84829	317387.2	4325379.5	50.989
5	28.36	2170	5.76	76519	376628.9	4007992.5	52.379
10	22.13	1646	4.47	74349	367797.3	3631363.5	48.842
15	29.55	2148	6.00	72704	358362.7	3263566.2	44.889
20	37.37	2637	7.61	70555	346448.5	2905203.5	41.176
25	42.11	2860	8.60	67919	332728.1	2558755.0	37.674
30	47.66	3100	9.75	65058	317850.2	2226026.8	34.216
35	52.91	3278	10.86	61958	301921.9	1908176.5	30.798
40	58.18	3414	11.97	58680	285205.1	1606254.6	27.373
45	65.52	3621	13.53	55266	267637.9	1321049.5	23.904
50	86.16	4450	17.97	51645	247544.4	1053411.6	20.397
55	112.40	5305	23.76	47195	223244.6	805867.3	17.075
60	163.50	6849	35.48	41891	193015.4	582622.6	13.908
65	224.79	7877	50.40	35042	156303.1	389607.3	11.118
70	323.79	8796	76.67	27165	114713.2	233304.2	8.589
75	450.50	8275	116.29	18369	71156.7	118591.0	6.456
80	602.31	6080	178.23	10094	34110.6	47434.3	4.699
85	765.39	3072	275.11	4014	11167.9	13323.7	3.319
90	897.68	845	421.27	942	2006.8	2155.8	2.289
95	1000.00	96	646.38	96	149.1	149.1	1.547

l(2) = 80583   l(3) = 78680   l(4) = 77450

Homens

x = idade	1000*Q(x)	D(x)	1000*M	l(x)	L(x)	T(x)	E(x)
0	177.96	17796	202.05	100000	88076.5	4128717.5	41.287
1	98.62	8107	26.38	82204	307347.6	4040641.0	49.154
5	27.27	2021	5.54	74097	364926.4	3733293.2	50.384
10	19.79	1426	4.00	72076	356957.0	3368366.8	46.734
15	27.82	1965	5.64	70650	348532.7	3011409.8	42.624
20	39.40	2706	8.03	68685	336927.9	2662877.0	38.770
25	43.51	2871	8.89	65978	323001.8	2325949.0	35.253
30	50.00	3155	10.24	63108	307965.8	2002947.3	31.739
35	58.99	3537	12.14	59953	291274.9	1694981.5	28.272
40	72.27	4077	14.97	56416	272294.7	1403706.6	24.881
45	87.16	4562	18.19	52339	250745.9	1131411.9	21.617
50	113.31	5414	23.97	47777	225892.1	880665.9	18.433
55	144.87	6137	31.14	42363	197087.0	654773.9	15.456
60	199.10	7213	44.03	36226	163820.0	457686.8	12.634
65	268.13	7779	61.55	29013	126396.7	293866.9	10.129
70	365.97	7771	88.79	21234	87520.1	167470.2	7.887
75	497.72	6701	132.52	13463	50563.5	79950.1	5.938
80	642.29	4343	198.30	6762	21902.6	29386.5	4.346
85	794.57	1922	299.76	2419	6411.9	7483.9	3.094
90	912.54	453	449.92	497	1007.8	1072.1	2.158
95	1000.00	43	676.36	43	64.3	64.3	1.478

$l(2) = 78021$ $l(3) = 76188$ $l(4) = 74989$

Homens e Mulheres

x = idade	1000*Q(x)	D(x)	1000*M	l(x)	L(x)	T(x)	E(x)
0	165.03	16503	185.23	100000	89092.6	4270061.0	42.701
1	98.29	8207	26.28	83497	312293.3	4180978.5	50.073
5	27.82	2094	5.65	75290	370691.3	3868675.2	51.384
10	20.96	1534	4.23	73196	362297.1	3497984.0	47.789
15	28.68	2055	5.82	71662	353375.1	3135687.0	43.757
20	38.39	2672	7.82	69606	341617.9	2782312.0	39.972
25	42.81	2866	8.74	66934	327793.1	2440694.0	36.464
30	48.83	3128	10.00	64069	312834.9	2112901.0	32.979
35	55.94	3409	11.50	60940	296519.7	1800066.0	29.538
40	65.19	3751	13.46	57531	278654.6	1503546.3	26.134
45	76.20	4098	15.82	53781	259067.1	1224891.6	22.776
50	99.41	4939	20.88	49682	236558.3	965824.5	19.440
55	128.00	5727	27.27	44743	209972.5	729266.3	16.299
60	180.27	7034	39.47	39016	178201.9	5519293.7	13.310
65	244.74	7827	55.46	31983	141128.9	341091.8	10.665
70	342.60	8276	82.01	24155	100915.7	199962.9	8.278
75	470.81	7476	123.15	15880	60708.0	99047.2	6.237
80	618.07	5194	185.98	8403	27927.7	38339.2	4.562
85	775.19	2488	283.26	3210	8783.4	10411.4	3.244
90	901.17	650	428.29	722	1518.2	1628.0	2.256
95	1000.00	71	649.14	71	109.8	109.8	1.540

l(2) = 80472   l(3) = 78577   l(4) = 77344

1000*Q(x) = Quociente de Mortalidade, isto é, a probabilidade de morrer entre as
   idades exactas x e $x + n$
D(x)   = Número de Mortos entre as idades x e $x + n$
1000*M   = Taxa Central de Mortalidade entre as idades x e $x + n$
l(x)   = Sobreviventes na idade exacta x
L(x)   = Tempo vivido pelos Sobreviventes l(x) entre as idades exactas x e $x + n$
T(x)   = Número total de anos que a Coorte tem para viver
E(x)   = Esperança Média de Vida

41

Como referem Henri LERIDON e Laurent TOULEMON, "o princípio da construção das tábuas tipo é sempre o mesmo. Partindo dum conjunto tão vasto quanto possível de tábuas *observadas*, põe-se a seguinte questão: conhecendo o quociente $q(x)$, qual é a melhor estimativa de um quociente $q(x')$ relativo à mesma população"[51]?

São várias as Tábuas Tipo clássicas, de que se destacam:

- As das Nações Unidas (de 1956/57 e 1982), preparadas por G. VALAORAS;
- As de COALE e DEMENY (de 1964 e 1983), também conhecidas por "Tábuas de Princeton", devido à Universidade onde os referidos autores trabalhavam;
- As de LEDERMANN, de 1959;
- As da OCDE, de 1980[52].

No caso das Tábuas de Mortalidade Tipo, de Princeton, aqui adoptadas, foram elaboradas por COALE e DEMENY, em 1964, a partir de um conjunto de 326 tábuas de diferentes países de todos os continentes, de 1870 a 1945.

Essas Tábuas Tipo estão divididas em quatro grupos ou famílias regionais: Norte, Sul, Este e Oeste, por referência à situação geográfica dos países europeus que entram nesses grupos. Para cada região, foram construídas inicialmente 24 tábuas, variando a esperança média de vida à nascença de 20 a 77.5 anos. Em 1983, os mesmos autores publicaram uma edição revista, desta vez com 25 tábuas, em que a esperança de vida máxima passa para os 80 anos, sendo cada tábua construída até ao grupo etário de 95-99 anos, em vez dos 75-80 da versão anterior. Numa posterior actualização, a esperança de vida máxima passou para os 85 anos, para as Mulheres, no Modelo Oeste[53].

Das quatro famílias regionais – Norte, Sul, Este e Oeste – são os modelos referentes ao Sul e Oeste os que melhor se adaptam às populações do Continente Africano, devido aos elevados níveis de mortalidade infantil (0 anos) e de mortalidade juvenil (1-4 anos). Por sua vez, o modelo Oeste é o que mais se identifica com os níveis de mortalidade e de sobrevivência apresentados pelas Tábuas Tipo das Nações Unidas. Daí a principal razão por ter optado por este modelo.

4º- A Migração

As deslocações das pessoas, de um lugar para outro, é um dos fenómenos universais, comuns a todas as sociedades. Mesmo assim, estas mobilidades espaciais são consideradas pelos demógrafos "como acontecimentos «perturbadores» dos outros comportamentos demográficos. Mas podem também ser um objecto específico de estudo, com métodos de análise que dependem, por um lado, das técnicas gerais (...) e, por outro, de técnicas específicas (...)"[54].

---

[51] Henri LERIDON; Laurent TOULEMON, *Démographie - Approche Statistique et Dynamique des Populations*, Ed. Economica, Paris, 1997, p. 223.
[52] Cf. Idem, op. cit., pp. 223-232.
[53] Cf. Idem, op. cit., pp. 224-225.
[54] Idem, op. cit., p. 139.

Se, numa análise demográfica da população mundial, ao nível do planeta, a migração não tem significado, o mesmo não se pode dizer quando tal análise incide sobre um espaço mais limitado, como um país ou região.

Para um estudo sobre o fenómeno migratório, convém começar por esclarecer o que se entende por migração. Como refere Christophe VANDESCHRICK, "uma migração pode-se definir como uma mudança de residência (sendo a residência considerada como o domicílio habitual de um indivíduo). Isto supõe que essa mudança de residência se efectua num dado momento, numa determinada idade. Além desta referência ao tempo, a migração implica uma referência ao espaço, o que não deixa de colocar problemas específicos"[55].

E aqui surgem os problemas. O primeiro dos quais está em saber o que se entende por "*residência* de uma pessoa, mais precisamente a sua residência principal permanente. Certas pessoas não têm residência fixa: nómadas, marinheiros, pessoas à espera de alojamento e a viver em hotel, a que se juntam hoje as pessoas agrupadas na categoria dos «sem domicílio fixo», categoria de contornos fluidos e mal definidos"[56].

Por outro lado, existe o caso de saber se certas deslocações temporárias, de tipo sazonal, devem ser consideradas migrações.

Um outro problema está no facto de as mudanças domiciliárias raramente serem registadas para efeitos estatísticos. Daí a generalizada falta de dados sobre as migrações, nas suas diversas modalidades: **migrações internas** ou **migrações externas**, umas e outras subdivididas em **imigrações** e **emigrações**.

No caso concreto da Guiné-Bissau, o Censo de 1991 não apresenta, a nível do país, qualquer referência às migrações para/do exterior. Mesmo no Inquérito Demográfico e Sanitário, de 1989, que "procurou obter através de questões retrospectivas a dinâmica dos fluxos migratórios internos e internacionais, tomando como termo de referência a residência anterior a 14 de Novembro de 1980 e 1 de Janeiro de 1988" verificou-se que "em ambos os casos, o peso relativo da população envolvida em mudanças de residência (no interior das diversas regiões ou para o exterior do país), apresenta um reduzido significado estatístico"[57].

De qualquer forma, como se constata no referido estudo, os movimentos migratórios externos da Guiné-Bissau produzem-se essencialmente entre os países da região, como o Senegal, a Guiné Conakry e a Gâmbia. E, no plano regional, os movimentos migratórios internacionais estão mais localizados nas regiões de Cacheu e Gabú, entre a população masculina[58]. Mesmo no caso das migrações forçadas pelo conflito provocado pelo "Golpe de Estado" de 7 de Junho de 1998, apesar de tais migrações terem repercussões principalmente a nível interno, pensa-se que, neste momento, a generalidade da população, então deslocada, já terá regressado aos seus locais de residência habitual.

Apesar de ser a migração externa aquela que mais interessaria aqui ter em conta (o que, como se viu, não é possível fazer, por falta de informação), uma vez que se está a analisar as perspectivas da população guineense, a nível de todo o país, dos

---

[55] Cristophe VANDESCHRICK, *Analyse démographique*, Col. Population et Développement, n.º 1, Academia-Bruylant/L'Harmattan, Louvain-la-Neuve/Paris, 1995, p. 116.

[56] Henri LERIDON; Laurent TOULEMON, op. cit., p. 139.

[57] ILADAP – Instituto Luso Africano para o Desenvolvimento e Actividades da População, *Relatório Final – Análise de Resultados – Situação Demográfica – 1989*, Inquérito Demográfico e Sanitário – População, Saúde e Nutrição, para o Ministério da Saúde Pública da Guiné-Bissau, p. 101.

[58] Cf. Idem, op. cit., p. 102.

vários Quadros publicados no âmbito do Censo de 1991, seleccionou-se o seguinte, para se ficar com uma ideia, ainda que muito genérica, do fenómeno migratório, a nível interno:

QUADRO N.º 5
POPULAÇÃO RESIDENTE,
SEGUNDO A MIGRAÇÃO RELATIVA AO SECTOR,
POR SEXO E GRUPOS ETÁRIOS

GRUPO ETÁRIO	AMBOS OS SEXOS			SEXO MASCULINO			SEXO FEMININO		
	TOTAL	MIGRAN-TE	NÃO MIGRAN-TE	TOTAL	MIGRAN-TE	NÃO MIGRAN-TE	TOTAL	MIGRAN-TE	NÃO MIGRAN-TE
TOTAL:	979203	354513	624690	472560	167923	304637	506643	186590	320053
0-4	166260	45419	120841	83811	22587	61224	82449	22832	59617
5-9	170700	50916	119784	86519	24438	62081	84181	26478	57703
10-14	119886	42943	76943	61972	20932	41040	57914	22011	35903
15-19	93073	37538	55535	44649	17526	27123	48424	20012	35903
20-24	70585	31421	39164	30967	14016	16951	39618	17405	22213
25-29	72338	32734	39604	30912	14564	16348	41426	18170	23256
30-34	56692	25364	31328	24047	11299	12748	32645	14065	18580
35-39	47272	21151	26121	21392	10100	11292	25880	11051	14829
40-44	37070	15340	21730	16798	7396	9402	20272	7944	12328
45-49	30357	12089	18268	14819	6091	8728	15538	5998	9540
50-54	26401	9645	16756	11731	4462	7269	14670	5183	9487
55-59	16428	6239	10189	8129	3034	5095	8299	3205	5094
60-64	22988	7721	15267	10853	3473	7380	12135	4248	7887
65-69	49153	15993	33160	25961	8005	17956	23192	7988	15204

Fonte: Instituto Nacional de Estatística e CENSOS, *Recenseamento Geral da População e Habitação 1991, Resultados Definitivos*, Vol. I, Nível Nacional, Ministério do Plano e Cooperação Internacional, Secretaria de Estado do Plano, República da Guiné-Bissau, Junho de 1996, Tabela 5.3A.

Por todas as razões apontadas, na projecção a fazer, consideraram-se nulos os saldos migratórios externos.

5º- O VIH / SIDA

A Síndroma da Imunodeficiência Humana Adquirida (SIDA) foi identificada, pela primeira vez, em 1981, nos Estados Unidos, entre os homossexuais masculinos. Mas, o seu agente causal, o Vírus da Imunodeficiência Humana (HIV ou VIH, iniciais da respectiva designação em inglês ou em português), só foi isolado em 1983. Hoje constata-se que o vírus está espalhado por todo o mundo[59].

---

[59] Cf. UNAIDS, *VIH/SIDA: le point sur l'épidémie mondiale*, 28 Novembre 1996, versão digital em: http://www.unaids.org./documents/epidemiology/estimates/situat96kmf.html. Acedido em 15 de Setembro de 2000.

Foram descobertos dois grandes tipos de VIH: o VIH-1 e o VIH-2. O mais espalhado parece ser o VIH-1, encontrando-se o VIH-2 principalmente na África Ocidental, embora já tenha sido também detectado na África oriental, na Europa, na Ásia e na América Latina. A título de curiosidade, refira-se que o VIH-2 foi detectado, pela primeira vez, nos finais da década de 80, precisamente na Guiné-Bissau. Actualmente estão identificados, pelo menos, dez subtipos genéticos do VIH-1, mas o seu significado biológico e epidemiológico é ainda mal conhecido.

A transmissão do vírus referido faz-se: pelas relações sexuais não protegidas, de tipo hetero ou homossexual; através dos produtos sanguíneos, do esperma ou dos transplantes; enfim, directamente da mãe para o filho, durante a gravidez, no parto, ou durante a amamentação.

Embora as vias de transmissão dos dois tipos de vírus sejam semelhantes, o VIH-2 parece propagar-se menos rapidamente que o VIH-1.

A SIDA corresponde ao estádio avançado da infecção do VIH, caracterizado por uma grande deterioração do sistema imunitário, o que facilita as infecções oportunistas e o desenvolvimento dos mais variados tipos de cancros. A maioria das pessoas infectadas com o VIH tendem a desenvolver SIDA[60].

Segundo o Relatório da UNAIDS, de Junho de 2000, era o seguinte o panorama da situação mundial no que concerne ao VIH/SIDA:

---

[60] Cf. Idem, ibid.

45

QUADRO N.º 6
SÍNTESE GLOBAL DA EPIDEMIA DO VIH/SIDA, NOS FINAIS DE 1999 [1]

Novos indivíduos infectados com VIH em 1999	Total	**5.4 milhões**
	Adultos	4.7 milhões
	Mulheres	*2.3 milhões*
	Crianças (<15 anos)	620 000
Número de pessoas portadoras do VIH/SIDA	Total	**34.3 milhões**
	Adultos	33.0 milhões
	Mulheres	*15.7 milhões*
	Crianças (<15 anos)	1.3 milhões
Mortos com SIDA em 1999	Total	**2.8 milhões**
	Adultos	2.3 milhões
	Mulheres	*1.2 milhões*
	Crianças (<15 anos)	500 000
Número Total de mortos com SIDA desde o começo da epidemia	Total	**18.8 milhões**
	Adultos	15.0 milhões
	Mulheres	*7.7 milhões*
	Crianças (<15 anos)	3.8 milhões
Número Total de órfãos[2] provocados pela SIDA desde o começo da epidemia		**13.2 milhões**

[1] Esta síntese substitui a publicada em Dezembro de 1999: *Update on the global HIV/AIDS epidemic*.

[2] Entende-se as Crianças que perderam a mãe ou ambos os pais, devido à SIDA, quando tinham menos de 15 anos.

Fonte: UNAIDS, *REPORT on the global HIV/AIDS epidemic*, June 2000, versão digital em http://www.unaids.org./epidemic_update/report/Epi_report.htm. Acedido em 15 de Setembro de 2000.

No que respeita à África, talvez o continente mais afectado pelo VIH/SIDA, os países ao sul do Sara possuem alguns dos melhores sistemas de vigilância do VIH, a nível mundial. Tais sistemas revelam, por exemplo, que a taxa de infecção pelo VIH estabilizou num nível relativamente baixo no Senegal e que as taxas extremamente altas no Uganda já foram reduzidas. No entanto, na maioria dos países subsarianos, adultos e crianças estão a ser infectados com o VIH a uma taxa mais elevada do que anteriormente: o número de novas infecções nessa região, durante o ano de 1999, foi 4 milhões[61].

Por outro lado, há 16 países ao sul do Sara em que mais de um décimo da população adulta, entre os 15-49 anos, está agora infectada com o VIH. Em sete países, no extremo sul do continente africano, pelo menos um adulto em cada cinco tem o vírus. No Botswana, por exemplo, uns 35.8% da população adulta está infectada com o VIH e, na África do Sul, essa percentagem subiu para 19.9%, contra os 12.9% de há dois anos atrás. Com um total de 4.2 milhões de pessoas infectadas, a África do Sul é o país do mundo com o maior número de pessoas com VIH/SIDA. Enquanto a África Ocidental está relativamente menos afectada pelo VIH, as taxas de prevalência em alguns países estão a aumentar. Por exemplo, a Costa do Marfim já está entre os 15 países mais afectados do mundo; na Nigéria, sem dúvida o país mais populoso da África Subsariana, mais de 5% dos adultos têm o VIH. Noutros países da África Ocidental, a taxa de prevalência continua abaixo dos 3%. Em contrapartida, na África Oriental, as taxas de infecção são das mais altas do continente, só sendo ultrapassadas pelas dos países do extremo sul. Por exemplo, na Etiópia e no Quénia, a taxa de prevalência entre os adultos já atingiu os dois dígitos e continua a subir. Mas este aumento não é inevitável: o Uganda baixou a sua taxa de prevalência para cerca de 8%, quando no início dos anos 90 andava pelos 14%, graças a fortes campanhas de prevenção, e, na Zâmbia, há bons indícios de que a epidemia está a baixar, à semelhança do que se verificou no Uganda[62].

O governo do Uganda foi, aliás, o primeiro, no continente africano, a reconhecer o perigo do VIH para o desenvolvimento nacional. Constatando, muito cedo, uma epidemia explosiva na generalidade da população, o Presidente Yoweri Museveni tomou fortes medidas para evitar a sua expansão, com o apoio do Governo e outros grupos sociais, incluindo os líderes religiosos e outras organizações. Isto levou a uma diminuição das infecções com o VIH. A grande divulgação do uso do preservativo contribuiu, provavelmente, para as menores taxas de infecção e para o significativo declínio das gravidezes de adolescentes[63].

No que respeita à Guiné-Bissau, onde nos anos 80 foi descoberto o VIH-2, segundo os dados das agências especializadas, a situação até nem se apresenta tão catastrófica como em muitos outros países africanos. De facto, continuando a seguir de perto os Relatórios da UNAIDS, verifica-se[64]:

---

[61] Cf. UNAIDS, *REPORT on the global HIV/AIDS epidemic*, June 2000, versão digital em http://www.unaids.org./epidemic_update/report/Epi_report.htm. Acedido em 15 de Setembro de 2000.
[62] Cf. Idem, ibid.
[63] Cf. Idem, ibid.
[64] Cf. Idem, ibid.; UNAIDS/WHO, *Epidemiological Fact Sheet on HIV/AIDS and sexually transmitted infections – 2000 Update – Guinea-Bissau*, Geneva, 2000.

GUINÉ-BISSAU

População em 1999:
- Total: 1 188 000
- Adultos (15-49 anos):   532 000

Número estimado de pessoas
que vivem com o VIH/SIDA,
nos finais de 1999:
- Adultos (15-49 anos):   13 000
- Mulheres (15-49 anos):   7 300
- Crianças (0-14 anos):   560

Taxa de incidência do
VIH/SIDA entre os adultos (%):   2.50

Órfãos:
- Adultos e crianças: 6 100

Estimativa dos mortos
pela SIDA, em 1999:
- Adultos e crianças: 1 300

Segundo o **Inquérito Demográfico e Sanitário**, realizado na Guiné--Bissau, já em 1989, 45.8% dos indivíduos com 15 e mais anos diziam ter ouvido falar da SIDA. E 40.7% da mesma população afirmava estar preocupada em poder vir a adquiri-la. Desse grupo etário, 27.9% pensava saber que a SIDA se transmitia: 26.1% pelas relações sexuais, 19.9% por uso de seringa, 17.7% pelas transfusões de sangue, etc. Mas também havia quem pensasse que a SIDA se podia transmitir por picada de insecto (7.1%), beijo na face (6.1%) ou beijo na boca (7.7). Uns 25.1% consideravam o preservativo como meio seguro para evitar a SIDA[65].

---

[65] Cf. Manuel ANTUNES, *Inquérito Demográfico e Sanitário – Análise Estatística Sintética – País*, ILADAP, República da Guiné-Bissau, MINSAP – DGE, Banco Mundial, Agosto de 1990, pp. 42-43, 52.

6°- Síntese dos *Inputs* para uma projecção da população da Guiné-Bissau até ao ano de 2011

Anos		1991-1996	1996-2001	2001-2006	2006-2011
EMV --	H - *	41.2	43.7	46.3	48.8
	M -	44.1	46.7	49.3	51.9
Fecundidade Total **		6.06	5.54	5.01	4.49
Razão dos Sexos à nascença	103 Homens/100 Mulheres				
Padrão da fecundidade	Anos	%	%	%	%
	15-19	16.3	16.3	16.3	16.3
***	20-24	31.0	31.0	31.0	31.0
	25-29	21.8	21.8	21.8	21.8
	30-34	16.3	16.3	16.3	16.3
	35-39	10.9	10.9	10.9	10.9
	40-44	02.1	02.1	02.1	02.1
	45-49	01.6	01.6	01.6	01.6
Taxa de incidência do VIH nos adultos ****		2.0	2.5	3.0	3.5
Saldos migratórios nulos					
População do ano base: População não ajustada do Censo de 1991					

* Conforme Tábuas de Mortalidade do QUADRO N.º 4, p. 41, para 1991-1996.
** Segundo dados oficiais do Censo de 1991.
*** De acordo com o ajustamento feito a partir dos dados do Inquérito Demográfico e Sanitário de 1989. Constante entre 1991-2011.
**** Segundo dados de UNAIDS; WHO, para a Guiné-Bissau, em 2000.

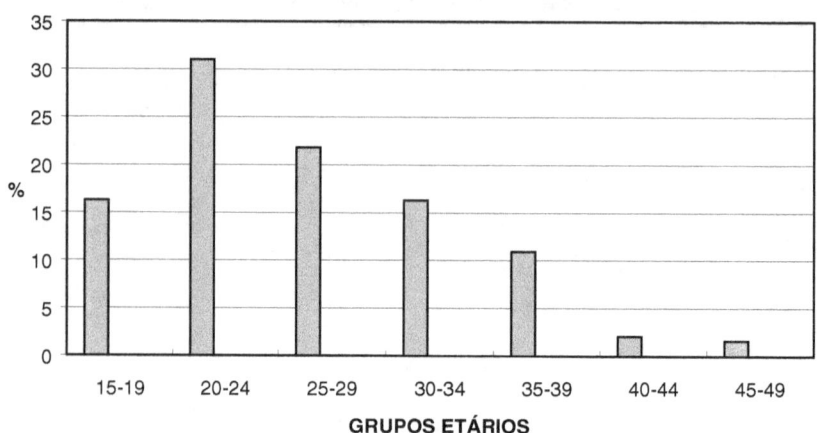

Fonte: Síntese dos *inputs* referidos em 6º.

3.2.- Metodologia usada no modelo informático

O programa informático que será utilizado – *DEMPROJ* – segue o método das componentes aplicado a uma coorte "standard" para a projecção do total da população. Para o efeito, cada coorte de 5 anos avança no tempo por incrementos de cinco anos. O tamanho de uma coorte particular é afectado pela morte e pela migração. Os nascimentos, durante cada período de cinco anos, criam novas coortes[66].

Em síntese, as equações chave usadas nas projecções demográficas do modelo são:

Para a = 5-9 até 75-79

$$P_{(a,s,t)} = P_{(a-5,s,t-5)} - D_{(a,s,t-5,t)} + M_{(a,s,t-5,t)}$$
$$D_{(a,s,t-5,t)} = P_{(a-5,s,t-5)} \times MR_{(a-5,a,s,t-5,t)}$$
$$M_{(a,s,t-5,t)} = NM_{(a,s,t-5,t)} \times [1 - MR_{(a-5,a,s,t-5,t)}/2]$$

Para a = 80+

$$P_{(80+,s,t)} = P_{(75-79,s,t-5)} - D_{(75-79,s,t-5,t)} + P_{(80+,s,t-5)}$$
$$- D_{(80+,s,t-5,t)} + M_{(80+,s,t-5,t)}$$

Para a = 0-4

$$P_{(0-4,s,t)} = B_{(t-5,t)} \times SR_{(s)} - D_{(0-4,s,t-5,t)} + M_{(0-4,s,t-5,t)}$$
$$B_{(t-5,t)} = \text{SUM for a} = 15\text{-}19 \text{ to } 45\text{-}49 \{TFR_{(t-5,t)}$$
$$\times ASFR_{(a,t-5,t)} \times [P_{(a,female,t-5)}$$
$$+ P_{(age,female,t)}] / 2\}$$

---

[66] Sobre a metodologia aqui referenciada, cf. John STOVER, *Demproj – A Demographic Projection Model for Development Planning*, Versão 3, The Futures Group, Washington, July 1990, pp. 51-56, que se seguirá de perto.

onde:

$P_{(a,s,t)}$ = população no grupo de idade 'a' do sexo 's' no momento 't'

$D_{(a,s,t-5,t)}$ = mortes ocorridas numa coorte de sexo 's' quando passa da idade 'a-5' no momento 't-5' para a idade 'a' no momento 't'

$M_{(s,s,t-5,t)}$ = número de sobreviventes de migrantes líquidos do sexo 's' que entram no grupo de idade 'a' durante o período de momento 't-5' para 't'

$MR_{(a-5,a,s,t-5,t)}$ = taxa de mortalidade para uma coorte de sexo 's' quando passa da idade 'a-5' no momento 't-5' para a idade 'a' no momento 't'

$NM_{(a,s,t-5,t)}$ = número de migrantes líquidos de sexo 's' que entram no grupo 'a' durante o período de momento 't-5' para 't'

$B_{(t)}$ = número de nascimentos entre o momento 't-5' e o momento 't'

$TFR_{(t-5,t)}$ = média da taxa geral de fecundidade durante o período 't-5' para 't'

$ASFR_{(a,t-5,t)}$ = proporção de nados vivos a que uma mulher está sujeita no grupo de idade 'a' do momento 't-5' para 't'

$SR_{(s)}$ = proporção de nascimentos do sexo 's'

Estas equações podem ser aplicadas como referidas anteriormente se forem usadas as taxas do período. Se, pelo contrário, se usarem as taxas pontuais, então devem ser aplicadas as respectivas médias para calcular as taxas do período equivalente.

O método das componentes das coortes, aqui preconizado para fazer projecções demográficas, segue de perto a metodologia proposta pelas Nações Unidas, anteriormente referida.

Já no que concerne às projecções do VIH/SIDA, estas são baseadas numa abordagem sugerida por James CHIN e Jonathan MANN, do Programa Global para a SIDA, WHO[67] e adaptadas para folha de cálculo por David SOKAL, do "Family Health International". Esta abordagem básica é baseada no facto de se considerar que uma certa proporção dos infectados pelo VIH no ano 't' desenvolverá SIDA no ano 't+n'. Desta forma, se for conhecido o número de pessoas infectadas por ano e a proporção que evolui, em determinado tempo, para SIDA, a partir do momento da infecção, pode-se determinar o número de novos casos de SIDA em cada ano. Isto foi aplicado num modelo de folha de cálculo para calcular o número de casos de SIDA entre os adultos e crianças, sendo, depois, adaptado ao *DEMPROJ*, desenvolvendo-se uma versão por idade específica e incorporando um cálculo mais exacto de mortos com SIDA e mortos sem SIDA.

---

[67] Cf. J. CHIN; J. MANN, *Bull WHO*, Global Programme on AIDS, WHO, 1989.

Para isso, começa-se por calcular o número requerido de adultos infectados com VIH, no ano 't', correspondente ao nível de prevalência assumido:

$$\text{Target HIV}_{(t)} = \text{adultos} \times \text{prevalência}_{(t)}$$

onde:

$\text{Target HIV}_{(t)}$ = número de adultos infectado com HIV

$\text{adults}_{(t)}$ = número de adultos no momento 't' após ajustamento com as mortes ocorridas no ano 't'

$\text{prevalence}_{(t)}$ = "input" da percentagem pressuposta de adultos infectados com HIV

Depois, calcula-se o número de novas infecções requeridas para produzir o quantitativo adultos infectados:

$$\text{NewHIV}_{(t)} = (\text{TargetHIV}_{(t)} - \text{adultHIV}_{(t)}) / \text{HIVpercent}$$

onde:

$\text{NewHIV}_{(t)}$ = número de novas infecções de adultos no ano 't'

$\text{AdultHIV}_{(t)}$ = número de adultos infectados

HIVpercent = percentagem de novas infecções que não evoluirão para SIDA durante o período calculado

Em seguida calcula-se o número de novas infecções por idade e sexo segundo o pressuposto padrão de distribuição:

$$\text{NewHIV}_{(a,s,t)} = (\text{NewHIV}_{(t)} \times \text{DistHIV}_{(a,s)}) / 100$$

onde:

$\text{NewHIV}_{(a,s,t)}$ = número de novas infecções de HIV, no grupo etário 'a' e sexo 's', no momento 't'

$\text{DistHIV}_{(a,s)}$ = distribuição percentual de novas infecções por idade 'a' e sexo 's'

Isso permite calcular o número total de adultos infectados por idade e sexo como uma função dos previamente infectados, novas infecções, bem como aqueles que evoluem para SIDA e morte "natural". Note-se que a definição de infecção que vem sendo adoptada exclui aqueles casos que se transformaram em SIDA.

$$\text{HIV}_{(a,s,t)} = \text{HIV}_{(a-1,s,t-1)} \times [1 - \text{MR}_{(a-1,a,s,t-1,t)}] + \text{NewHIV}_{(a,s,t)} - \text{NewAIDS}_{(a,s,t)}$$

onde:

$\text{HIV}_{(a,s,t)}$ = número de pessoas infectadas com HIV na idade 'a', sexo 's' e momento 't'

$\text{MR}_{(a-1,a,s,t-1,t)}$ = taxa de mortalidade das pessoas sem SIDA numa população de sexo 's' quando se passa da idade 'a-1' no momento 't-1' para a idade 'a' no momento 't'

$\text{NewAIDS}_{(a,s,t)}$= número de novos casos de SIDA na idade 'a', sexo 's' e momento 't'

O número de novos casos de SIDA é determinado pela proporção de evolução para a SIDA por ano após a infecção. O número de novos casos em cada ano será uma função de novas infecções com o VIH nos 15 anos anteriores.

$$\text{NewAIDS}_{(a,s,t)} = \text{NewHIV}_{(a,s,t-1)} \times \text{HIVtoAIDS}_{(1)} + \text{NewHIV}_{(a,s,t-2)} \times \text{HIVtoAIDS}_{(2)}$$

$$+ \text{NewHIV}_{(a,s,t-3)} \times \text{HIVtoAIDS}_{(3)}$$
$$\ldots + \text{NewHIV}_{(a,s,t-15)} \times \text{HIVtoAIDS}_{(15)}$$

onde:

HIVtoAIDS(t)   = a proporção de pessoas infectadas que desenvolvem SIDA 't' anos depois da infecção

O número de mortes devido à SIDA resulta da média de tempo que os atingidos pela SIDA levam a morrer:

$$\text{AIDSdeaths}_{(a,s,t)} = \text{NewAIDS}_{(a,s,t-T)}$$

onde:

T   = tempo médio para morrer com SIDA

O número de crianças infectadas é determinado pelo número de bebés nascidos infectados. E o número destes é uma função da taxa de transmissão perinatal, fecundidade e percentagem das mães infectadas.

$$\text{HIVbirths}_{(t)} = \text{PT} \times \text{TFR}_{(t)} \times \text{SUM for a} = 15\text{-}49 \text{ to}$$
$$45\text{-}49 \, [\text{ASFR}_{(a,t)} \times \text{HIV}_{(a,f,t)}$$
$$\times \, \text{P}_{(a,f,t)}]$$

onde:

$\text{HIVbirths}_{(t)}$ = número de nascidos infectados no ano 't'

PT   = taxa de transmissão perinatal, a proporção de bebés nascidos em relação às respectivas mães infectadas

$\text{TFR}_{(t)}$ = taxa geral de fecundidade no momento 't'

$\text{ASFR}_{(a,t)}$ = proporção de nados vivos que ocorre na idade 'a'

$\text{HIV}_{(a,f,t)}$ = número de mulheres infectadas na idade 'a' e momento 't'

$\text{P}_{(a,f,t)}$ = população feminina de idade 'a' no momento 't'

As crianças evoluem do VIH para a SIDA e a morte de uma forma semelhante aos adultos. No entanto, o tempo para evoluir do VIH para a SIDA é mais curto nas crianças.

As equações básicas supra referidas são adaptadas às estruturas quinquenais dos cálculos demográficos para as integrar nas projecções do *DEMPROJ*.

3.3.- Resultados de uma projecção demográfica com base nos Dados Definitivos do Censo de 1991

Considerando os pressupostos antes referidos, os resultados globais, até ao ano 2011, com base no Recenseamento de 1991, da Guiné-Bissau, serão:

QUADRO N.º 7
PROJECÇÃO DEMOGRÁFICA
1991-2011
(milhares)

ANO	HM	H	M
1991	979	473	507
1992	997	481	516
1993	1016	490	526
1994	1037	500	536
1995	1058	511	547
1996	1081	522	559
1997	1104	533	571
1998	1128	546	583
1999	1154	558	596
2000	1180	571	609
2001	1207	585	622
2002	1234	598	636
2003	1263	613	650
2004	1292	627	665
2005	1322	642	679
2006	1352	657	694
2007	1382	673	709
2008	1413	688	725
2009	1444	704	740
2010	1476	720	756
2011	1508	736	772

Fonte: Resultado da projecção.

Obs.- Atendendo a que os totais estão arredondados para milhares, o número de HM nem sempre é rigorosamente igual a H + M. Esta observação aplica-se a todos os Quadros da Projecção.

GRÁFICO N.º 5
PROJECÇÃO DEMOGRÁFICA
1991-2011
(milhares)

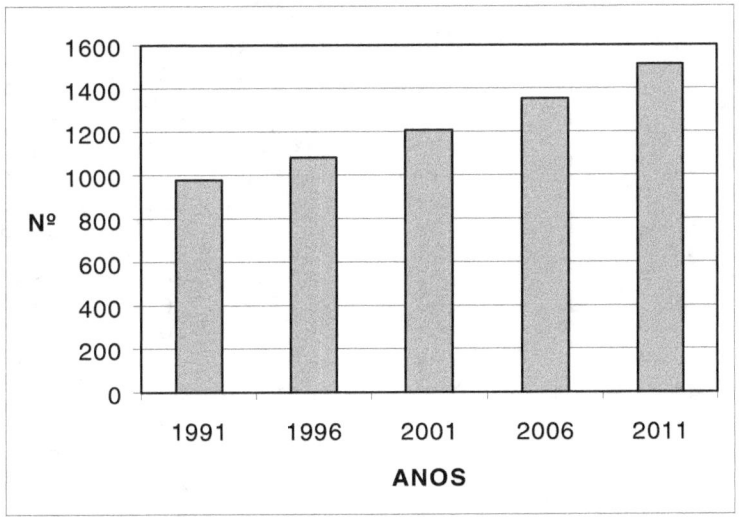

Fonte: QUADRO N.º 7.

GRÁFICO N.º 6
HOMENS E MULHERES
1991-2011
(milhares)

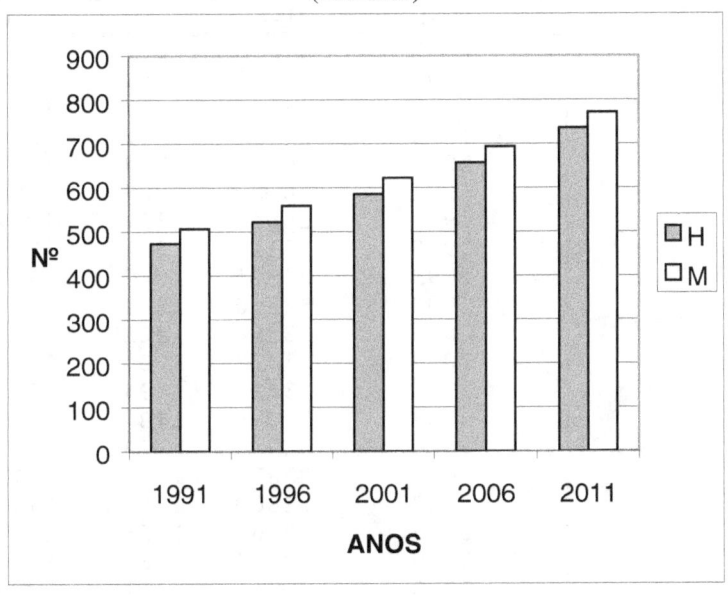

Fonte: QUADRO N.º 7.

PROJECÇÃO DE NADOS-VIVOS, ANO A ANO
1991-2011

ANO	HM	H	M
1991	45753	23214	22538
1992	46524	23606	22918
1993	47186	23941	23244
1994	47766	24236	23530
1995	48295	24504	23790
1996	48801	24761	24040
1997	49265	24997	24269
1998	49668	25201	24467
1999	50039	25389	24650
2000	50407	25576	24831
2001	50802	25776	25026
2002	51245	26001	25244
2003	51718	26241	25477
2004	52187	26479	25708
2005	52617	26697	25920
2006	52975	26879	26096
2007	53283	27035	26248
2008	53564	27178	26386
2009	53784	27289	26495
2010	53909	27353	26556
2011	53905	27351	26554

Fonte: Resultado da projecção.

Quanto aos mortos, a evolução prevista é:

QUADRO N.º 9
PROJECÇÃO DE MORTOS, ANO A ANO
1991-2011

ANO	HM	H	M
1991	27935	14608	13327
1992	27762	14511	13251
1993	27440	14331	13109
1994	27024	14098	12926
1995	26566	13842	12725
1996	26120	13590	12529
1997	25649	13325	12323
1998	25118	13026	12092
1999	24581	12723	11857
2000	24090	12446	11644
2001	23698	12222	11476
2002	23422	12062	11360
2003	23225	11945	11280
2004	23084	11858	11226
2005	22976	11790	11185
2006	22876	11728	11148
2007	22800	11679	11120
2008	22764	11653	11110
2009	22744	11637	11107
2010	22717	11618	11099
2011	22658	11584	11075

Fonte: Resultado da projecção.

GRÁFICO N.º 7
PROJECÇÃO GLOBAL DOS NADOS-VIVOS
1991-2011

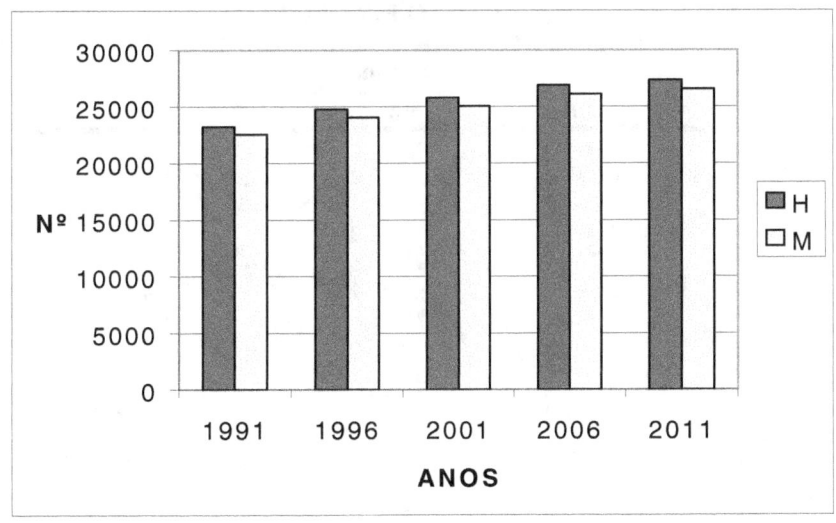

Fonte: QUADRO N.º 8.

GRÁFICO N.º 8
PROJECÇÃO GLOBAL DOS MORTOS
1991-2011

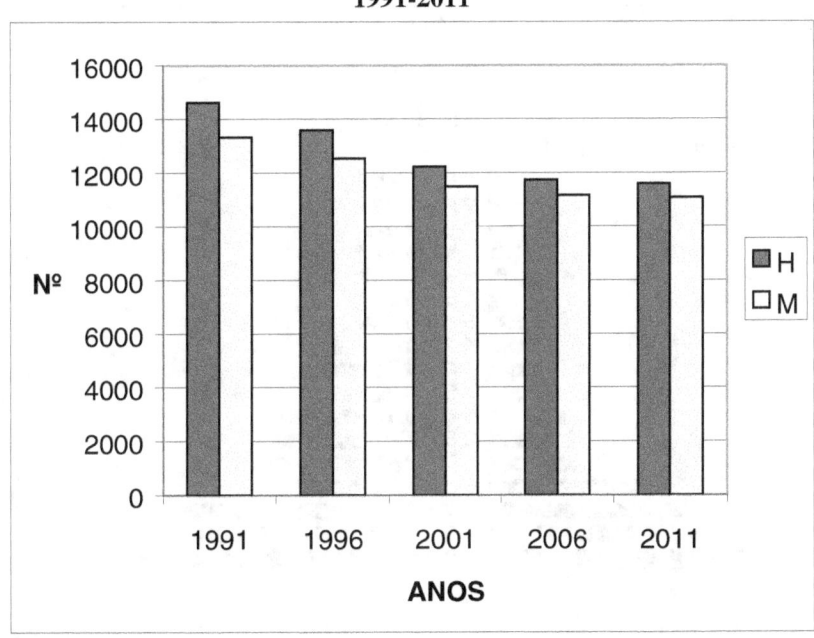

Fonte: QUADRO N.º 9.

Relativamente à distribuição por grupos etários quinquenais, a situação será:

QUADRO N.º 10
POPULAÇÃO PROJECTADA
POR GRUPOS ETÁRIOS QUINQUENAIS
- 1996 –

IDADE	HM	H	M
00-04	191079	95488	95591
05-09	159301	80457	78844
10-14	145998	74637	71361
15-19	107788	54043	53745
20-24	82904	38481	44423
25-29	72332	31556	40776
30-34	65354	28093	37262
35-39	53084	23394	29690
40-44	43443	19749	23694
45-49	35128	16436	18692
50-54	29640	13802	15838
55-59	22634	10453	12181
60-64	20178	9596	10582
65-69	17928	8711	9218
70-74	12598	6381	6217
75-79	8438	4267	4171
80+	12752	6265	6488
Total	1080581	521807	558774

Fonte: Resultado da projecção.

GRÁFICO N.º 9

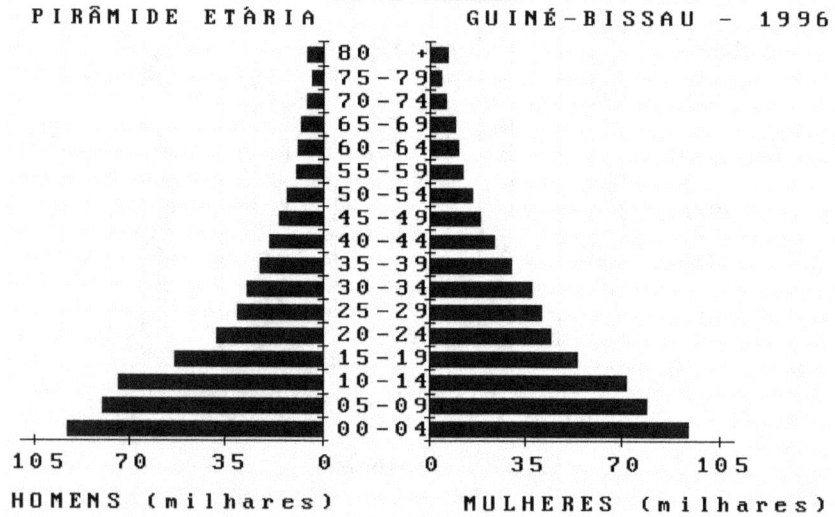

PIRÂMIDE ETÁRIA   GUINÉ-BISSAU - 1996

105   70   35   0   0   35   70   105

HOMENS (milhares)   MULHERES (milhares)

QUADRO N.º 11
POPULAÇÃO PROJECTADA
POR GRUPOS ETÁRIOS QUINQUENAIS
- 2001 –

IDADE	HM	H	M
00-04	201979	101091	100888
05-09	178028	88908	89119
10-14	156075	78880	77195
15-19	142652	73003	69649
20-24	104245	52290	51955
25-29	79509	36868	42641
30-34	69059	30065	38994
35-39	62093	26604	35490
40-44	50081	21939	28142
45-49	40590	18270	22319
50-54	32266	14896	17370
55-59	26508	12135	14373
60-64	19394	8772	10622
65-69	16169	7497	8672
70-74	13001	6129	6872
75-79	7707	3767	3941
80+	7500	3560	3941
Total	1206858	584674	622184

Fonte: Resultado da projecção.

GRÁFICO N.º 10

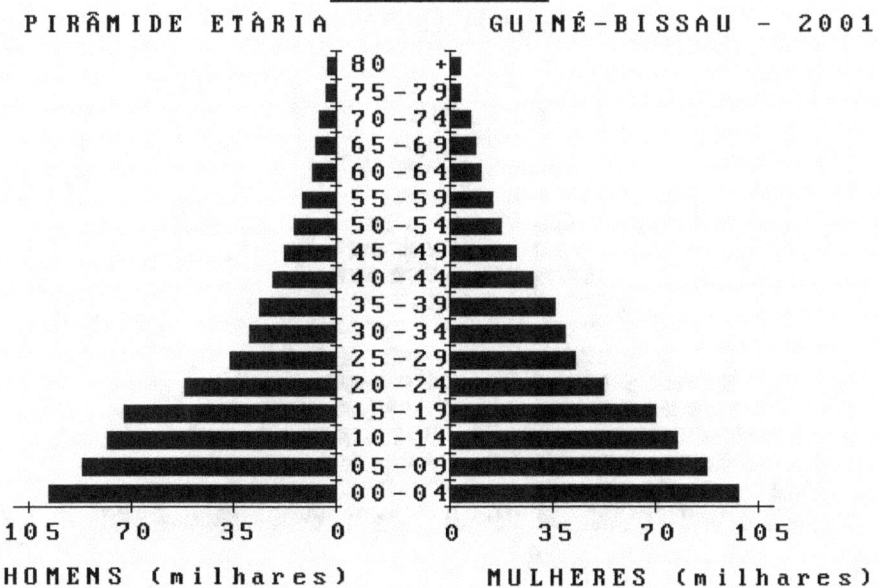

PIRÂMIDE ETÁRIA   GUINÉ-BISSAU - 2001

HOMENS (milhares)   MULHERES (milhares)

Fonte: QUADRO N.º 11.

QUADRO N.º 12
POPULAÇÃO PROJECTADA
POR GRUPOS ETÁRIOS QUINQUENAIS
- 2006 -

IDADE	HM	H	M
00-04	216906	108716	108190
05-09	189853	94979	94874
10-14	174851	87371	87480
15-19	152792	77301	75491
20-24	138233	70786	67446
25-29	100127	50201	49926
30-34	76001	35163	40839
35-39	65773	28527	37246
40-44	58822	25046	33776
45-49	47025	20400	26625
50-54	37515	16668	20847
55-59	29069	13203	15866
60-64	22932	10286	12647
65-69	15747	6938	8809
70-74	11925	5358	6567
75-79	8145	3695	4450
80+	5900	2708	3192
Total	1351616	657347	694269

Fonte: Resultado da projecção.

PIRÂMIDE ETÁRIA

GRÁFICO N.º 11
GUINÉ-BISSAU - 2006

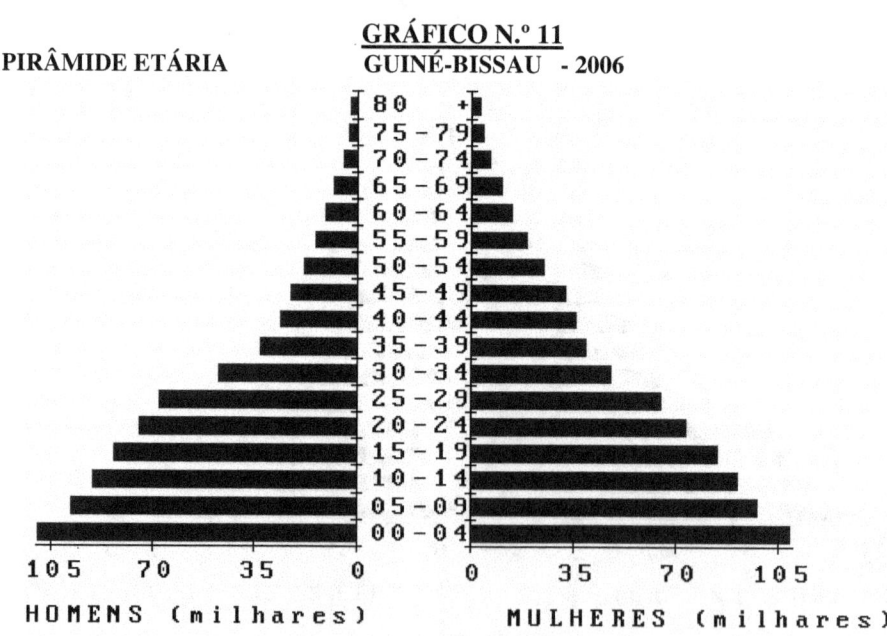

HOMENS (milhares)   MULHERES (milhares)

60

QUADRO N.º 13
POPULAÇÃO PROJECTADA
POR GRUPOS ETÁRIOS QUINQUENAIS
- 2011 –

IDADE	HM	H	M
00-04	229377	115120	114257
05-09	205689	103035	102654
10-14	186896	93535	93361
15-19	171526	85786	85740
20-24	148180	75049	73131
25-29	132973	68103	64869
30-34	95804	47959	47845
35-39	72460	33400	39060
40-44	62459	26920	35538
45-49	55449	23384	32065
50-54	43678	18707	24971
55-59	34010	14867	19143
60-64	25339	11281	14059
65-69	18809	8221	10589
70-74	11773	5021	6751
75-79	7611	3287	4323
80+	5817	2508	3309
Total	1507850	736184	771666

Fonte: Resultado da projecção.

GRÁFICO N.º 12

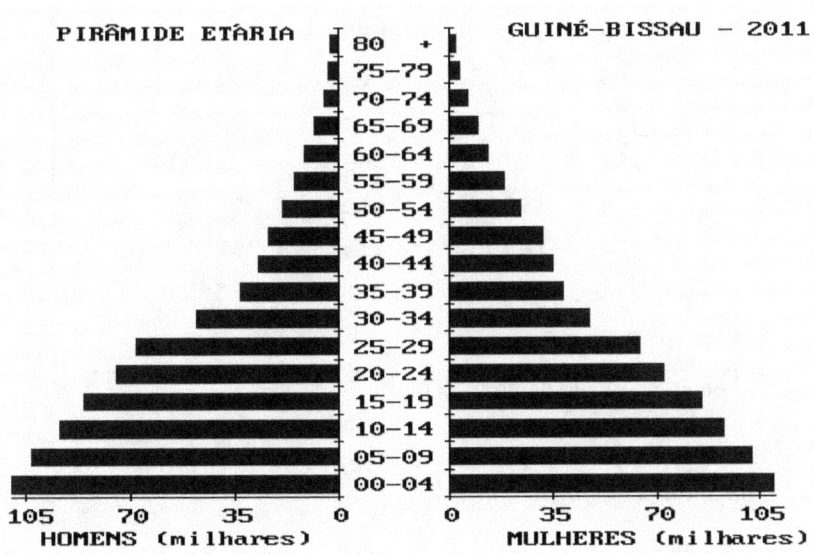

Fonte: QUADRO N.º 13.

61

A projecção da POPULAÇÃO EM IDADE ESCOLAR, dos 7 aos 11 anos, dá os seguintes resultados:

QUADRO N.º 14
PROJECÇÃO DA POPULAÇÃO EM IDADE ESCOLAR
- 7 a 11 ANOS –
1991-2011

ANO	TOTAL	HOMENS	MULHERES
1991	134060	68268	65791
1992	138964	70937	68027
1993	143283	73163	70121
1994	147168	75066	72102
1995	150770	76769	74001
1996	154241	78393	75848
1997	157480	79856	77624
1998	160385	81079	79306
1999	163109	82182	80927
2000	165803	83287	82516
2001	168617	84514	84103
2002	171572	85880	85692
2003	174567	87304	87263
2004	177572	88762	88810
2005	180558	90232	90326
2006	183496	91690	91806
2007	186406	93153	93253
2008	189306	94635	94671
2009	192168	96114	96055
2010	194963	97566	97397
2011	197661	98969	98692

Fonte: Resultado da projecção.

Já a POPULAÇÃO JOVEM, dos 0 aos 14 anos, será:

QUADRO N.º 15
PROJECÇÃO DA POPULAÇÃO JOVEM
- 0 a 14 ANOS –
1991-2011

ANO	TOTAL	HOMENS	MULHERES
1991	432560	218923	213637
1992	449169	227427	221742
1993	463136	234431	228705
1994	475181	240349	234833
1995	486023	245594	240428
1996	496378	250581	245797
1997	505769	255034	250735
1998	513716	258676	255041
1999	520939	261922	259017
2000	528155	265185	262970
2001	536082	268880	267202
2002	544898	273093	271805
2003	554122	277550	276573
2004	563492	282118	281374
2005	572742	286667	286075
2006	581610	291067	290543
2007	590270	295404	294867
2008	598900	299765	299135
2009	607235	304021	303214
2010	615010	308040	306971
2011	621963	311691	310272

Fonte: Resultado da projecção.

Por sua vez, prevê-se a seguinte evolução da POPULAÇÃO ADULTA JOVEM, dos 15 aos 39 anos:

QUADRO N.º 16
PROJECÇÃO DA POPULAÇÃO ADULTA JOVEM
- 15 a 39 ANOS –
1991-2011

ANO	TOTAL	HOMENS	MULHERES
1991	332471	148378	184093
1992	338319	151494	186826
1993	346811	156159	190652
1994	357277	161986	195291
1995	369050	168584	200466
1996	381462	175567	205895
1997	394958	183193	211765
1998	409984	191720	218264
1999	425871	200761	225110
2000	441952	209927	232025
2001	457558	218830	238729
2002	472476	227384	245092
2003	487151	235849	251302
2004	501904	244352	257552
2005	517055	253020	264036
2006	532927	261978	270949
2007	549304	271144	278160
2008	565973	280432	285542
2009	583256	289969	293287
2010	601472	299882	301590
2011	620942	310297	310645

Fonte: Resultado da projecção.

A POPULAÇÃO ADULTA IDOSA, dos 40 aos 64 anos, será:

QUADRO N.º 17
PROJECÇÃO DA POPULAÇÃO ADULTA IDOSA
- 40 a 64 ANOS -
1991-2011

ANO	TOTAL	HOMENS	MULHERES
1991	142323	68077	74246
1992	143308	68122	75186
1993	144680	68349	76331
1994	146430	68751	77679
1995	148548	69316	79231
1996	151024	70036	80988
1997	153864	70916	82948
1998	157076	71964	85112
1999	160649	73169	87480
2000	164573	74522	90052
2001	168840	76013	92827
2002	173602	77700	95902
2003	178868	79590	99278
2004	184404	81596	102808
2005	189980	83629	106351
2006	195363	85603	109760
2007	200708	87575	113133
2008	206170	89604	116565
2009	211516	91603	119913
2010	216515	93484	123031
2011	220935	95159	125777

Fonte: Resultado da projecção.

Por fim, a POPULAÇÃO IDOSA, dos 65 aos 85 anos, estima-se:

QUADRO N.º 18
PROJECÇÃO DA POPULAÇÃO IDOSA
- 65 a 85 ANOS –
1991-2011

ANO	TOTAL	HOMENS	MULHERES
1991	71849	37182	34667
1992	66280	34033	32247
1993	61677	31410	30267
1994	57845	29205	28640
1995	54590	27312	27278
1996	51717	25623	26094
1997	49356	24209	25147
1998	47636	23142	24494
1999	46363	22315	24048
2000	45342	21621	23721
2001	44378	20951	23426
2002	43467	20305	23162
2003	42739	19752	22986
2004	42200	19298	22902
2005	41857	18945	22911
2006	41716	18700	23017
2007	41774	18557	23217
2008	42026	18516	23510
2009	42478	18579	23898
2010	43137	18752	24385
2011	44010	19037	24972

Fonte: Resultado da projecção.

No que respeita ao VIH/SIDA, segundo as hipóteses adoptadas, ter-se-á o seguinte cenário:

QUADRO N.º 19
PROJECÇÃO DO NÚMERO DE PESSOAS
INFECTADAS COM O VIH
1991-2011

ANO	TOTAL	HOMENS	MULHERES
1991	11317	5486	5831
1992	11538	5596	5941
1993	11944	5796	6149
1994	12504	6068	6435
1995	13183	6399	6784
1996	13949	6771	7178
1997	14825	7195	7630
1998	15831	7683	8148
1999	16935	8217	8718
2000	18105	8783	9322
2001	19306	9364	9942
2002	20573	9977	10596
2003	21925	10631	11294
2004	23316	11304	12012
2005	24696	11971	12725
2006	26017	12610	13407
2007	27311	13235	14076
2008	28611	13863	14748
2009	29867	14470	15398
2010	31032	15032	16000
2011	32057	15526	16531

Fonte: Resultado da projecção.

QUADRO N.º 20
PROJECÇÃO DO NÚMERO ANUAL DE
NOVOS CASOS DE SIDA
1991-2011

ANO	TOTAL	HOMENS	MULHERES
1991	460	232	228
1992	480	241	239
1993	502	251	251
1994	528	264	264
1995	560	280	281
1996	599	298	301
1997	643	320	323
1998	692	344	348
1999	747	371	376
2000	810	402	408
2001	881	436	445
2002	963	476	487
2003	1055	521	534
2004	1153	569	585
2005	1256	618	637
2006	1358	668	690
2007	1463	719	744
2008	1573	772	801
2009	1684	825	858
2010	1793	878	915
2011	1898	929	969

Fonte: Resultado da projecção.

Em síntese, a situação do VIH/SIDA seria:

ANOS:	1991	1996	2001	2006	2011
População com VIH					
Total	11317	13949	19306	26017	32057
Homens	5486	6771	9364	12610	15526
Mulheres	5831	7178	9942	13407	16531
Prevalência entre Adultos (%)	2.0	2.2	2.7	3.2	3.5
Novos Casos de SIDA					
Total	460	599	881	1358	1898
Homens	232	298	436	668	929
Mulheres	228	301	445	690	969

No que respeita aos PRINCIPAIS INDICADORES DEMOGRÁFICOS da projecção que se tem vindo a apresentar, o resultado seria:

ANOS:	91-96	96-01	01-06	06-11

Fecundidade

	91-96	96-01	01-06	06-11
Taxa Geral de Fecundidade:	6.06	5.54	5.01	4.49
Taxa Bruta de Reprodução:	2.99	2.73	2.47	2.21
Taxa Líquida de Reprodução:	1.99	1.90	1.79	1.67
Idade Média de Fecundidade:	26.9	26.9	26.9	26.9

Mortalidade/Natalidade/Crescimento

	91-96	96-01	01-06	06-11
Esperança Média de Vida H:	41.2	43.7	46.3	48.8
Esperança Média de Vida M:	44.1	46.7	49.3	51.9
Esperança Média de Vida HM:	42.7	45.3	47.8	50.4

Tábua de Mortalidade Modelo:
   Coale-Demeny West

	91-96	96-01	01-06	06-11
TBN ‰:	46.6	43.6	40.7	37.7
TBM ‰:	27.1	21.2	18.1	15.8
Taxa de Crescimento %:	2.0	2.2	2.3	2.2

ANOS:	1991	1996	2001	2006	2011
População (milhares)					
População Total	979	1081	1207	1352	1508
Homens	473	522	585	657	736
Mulheres	506	559	622	695	772
% da Pop. 00-04 anos	17.6	17.7	16.7	16.0	15.2
% da Pop. 05-14 anos	26.5	28.3	27.7	27.0	26.0
% da Pop. 15-49 anos	41.1	42.6	45.4	47.3	49.0
% da Pop. 15-64 anos	48.5	49.3	51.9	53.9	55.8
% da Pop. 65 + anos	7.3	4.8	3.7	3.1	2.9
% de Mulheres 15-49 anos	43.7	44.4	46.5	47.7	49.0
Razão dos Sexos	93.3	93.4	94.0	94.7	95.4
Índice de Dependência	0.911	0.932	0.856	0.799	0.739
Idade Mediana	18.3	17.0	17.4	18.1	18.8

CONCLUSÕES

Ao finalizar esta análise, dois tipos de considerações/conclusões se impõem:
- Um primeiro relativamente aos resultados obtidos pelo modelo de projecção adoptado;
- Um segundo sobre os modelos de simulação demo--sócio-económico-informáticos.

1º- Resultados obtidos pelo modelo

Os resultados anteriormente apresentados correspondem a uma hipótese de crescimento médio baixo da população residente na Guiné-Bissau até ao ano de 2011. Evidentemente, estes resultados poderiam ser confrontados com os de outros cenários em que os valores atribuídos às variáveis exógenas - natalidade, mortalidade, migração, prevalência do VIH/SIDA - fossem diferentes dos assumidos na referida projecção. Neste aspecto, as hipóteses são susceptíveis de se elevar até ao infinito. No entanto, tendo sempre em conta que, quaisquer que fossem os resultados, estes nunca pretenderiam constituir uma previsão rigorosa e numericamente absoluta, mas, antes, simples indicações de tendências e respectivas ordens de grandeza para que poderá evoluir a população da Guiné-Bissau, o cenário apresentado tem suficiente coerência.

Como se pode verificar, a taxa média de crescimento sobe de 2.0% ao ano, de 1991 a 1996, para 2.2%, de 1996 a 2001, e de 2.3%, entre 2001 e 2006, baixando para 2.2%, de 2006 a 2011. O que tem a ver com a conjugação das hipóteses das variações na Taxa Geral de Fecundidade e na Esperança Média de Vida, bem como da prevalência do VIH/SIDA. Sem o efeito do VIH/SIDA, a taxa média de crescimento manter-se-ia constante nos 2.3%, de 1996 a 2011.

Outras constatações mais dignas de nota são:
- A variação da Idade Mediana, que baixa de 18.3 anos, em 1991, para 17.0 anos em 1996, voltando a subir para 17.4, 18.1 e 18.8 anos, respectivamente, em 2001, 2006 e 2011;
- A diminuição da proporção das pessoas idosas de 7.3%, em 1991, para 2.9%, em 2011. O que é contrabalançado com o aumento percentual da População Adulta, de 48.5% para 55.8%, no período em análise;
- Já a População Jovem, de 44.1%, em 1991, sobe para 46.0%, em 1996, para baixar para os 41.2%, até 2011.

É evidente que estes resultados, como já foi afirmado mas nunca é de mais sublinhá-lo, embora coerentes, são resultados de uma projecção e, como tal, devem ser tomados em conta, pois, muitas vezes, o evoluir da realidade reserva grandes surpresas.

2º- Modelos de simulação demo-sócio-económico-informáticos

Os modelos demo-sócio-económico-informáticos têm sido objecto de importantes debates, principalmente desde a década de sessenta até finais dos anos oitenta, do século passado. Refiram-se, a propósito, dois importantes artigos publicados na *Population and Development Review*, um por W. B. ARTHUR e G. MCNICOLL, criticando este tipo de modelização[68], e outro, que constitui a resposta que mereceu por parte de G. B. RODGERS, R. WERY e M. J. D. HOPKINS, defendendo a modelização sistémica como importante instrumento da planificação[69].

Como refere René WERY, ele próprio um dos intervenientes na referida polémica e um dos autores do(s) Modelo(s) Bachue, "os modelos demo-económicos, pelo menos os da segunda ou terceira geração, relevam da modelização sistémica, pois eles descrevem um sistema, constituído pelo conjunto das relações que podem existir entre a dinâmica da população e o desenvolvimento sócio-económico, mas, sobretudo, porque eles utilizam uma abordagem particular que leva a um tipo de modelização com características próprias"[70].

E, mais adiante , o mesmo autor continua: "A estrutura de um modelo demo--económico da primeira geração, como o de Coale-Hoover, está baseada numa função de produção, quer com o capital como único factor de produção, quer com o capital e o trabalho. (...) A resposta dada pelos modelos da primeira geração às interacções entre o crescimento da população e o desenvolvimento económico estava condicionada por algumas relações e hipóteses de base, tornando-se cada vez mais contestáveis nos anos de 1970, por exemplo a dicotomia entre investimentos de crescimento, produtivos, e investimentos demográficos (ou sociais) não produtivos, como no investimento humano, ou a relação negativa que existe entre a poupança nacional e o ritmo de crescimento da população"[71].

No entanto, nas décadas de 60 e 70, com o progresso da informática e o rápido desenvolvimento das técnicas quantitativas nas Ciências Sociais, o ambiente era favorável à modelização, o que levou à elaboração de várias técnicas prospectivas, de modo a fazer a ligação entre a quantificação e a análise qualitativa. Por outro lado, nessa altura, "o papel do Estado como instituição de base do processo de desenvolvimento não era, de forma alguma, posto em causa, e um plano económico e social era considerado na maior parte dos países desenvolvidos e em todos os países em desenvolvimento, como um instrumento privilegiado de regulação da economia, e mesmo uma necessidade para evitar as deficiências dos mercados e para gerir eficazmente a meio termo uma economia nacional. Devido ao papel preponderante do Estado e do seu controlo dos instrumentos da política económica, ajudar o Estado a identificar os instrumentos mais competitivos, a médio e longo prazo, fazia parte da assistência que os economistas deviam fornecer"[72].

Hoje, esses paradigmas mudaram completamente, assim como os métodos de regulação da economia. O que implica novos instrumentos de análise adaptados às novas situações demo-económicas. "Os modelos de equilíbrio geral impõem-se hoje

---

[68] Cf. W. B. ARTHUR;   G. MCNICOLL, "Large-scale simulation models in population and development: What use to planners ?", in *Population and Development Review*, Vol. 1, n.º 2, New York, 1975.

[69] G. B. RODGERS; R. WERY; M. J. D. HOPKINS, "Myth of the cavern revisited: Are large-scale behavioral models useful ?", in *Population and Development Review*, Vol. 2, n.º 3 e 4, New York, 1976.

[70] René WERY, "Les modèles de simulation demo-socio-economique: utilité ou gaspillage ?", in Michel LORIAUX (org.), *Populations et développements: une approche global et systémique*, Col. Population et développement, n.º 5, Academia-Bruylant / L'Harmattan, Louvain-la--Neuve / Paris, 1998, pp. 391-392.

[71] Idem, op. cit., p. 393.

[72] Idem, ibid.

como paradigma de modelização do sistema económico (...). A mundialização da economia torna caduco um modelo que descrevesse somente uma economia nacional (...). No domínio da demografia, além de um ambiente sócio-económico que condiciona as decisões de uma família, convém ter ainda em conta factores sócio-culturais, dificilmente quantificáveis e ainda menos modeláveis numa perspectiva dinâmica, e noções tais como o estatuto da mulher, instrumento cómodo de análise mas que mesmo os seus defensores reconhecem como sendo praticamente impossível de definir"[73].

Por isso, se, nos anos 70, do século passado, a resposta à questão da utilidade dos modelos de simulação demo-sócio-económica "era evidentemente **sim**, hoje esse **sim** impõe-se mais do que nunca, mas é um **sim** diferente do de há vinte anos"[74].

---

[73] Idem, op. cit., p. 394.
[74] Idem, ibid.

BIBLIOGRAFIA

---   *Guia do Terceiro Mundo - 93,* Tricontinental Editora, Lisboa, 1993, pp. 186 e 543-549.

---   *Província da Guiné - Censo da População de 1950 – Volume II, População não Civilizada,* Tipografia Portuguesa, Lda, Lisboa, 1951.

ALAOUI, Moulay Mamoune, *La Démographie,* 2ᵉ Ed., Ed. la Source, Marrakech, 1994.

ANTUNES, Manuel de Azevedo, *A Dinâmica da População no Desenvolvimento de Moçambique.* Tese apresentada à Faculdade de Ciências Sociais e Humanas, da Universidade Lusófona de Humanidades e Tecnologias, para a obtenção do grau de doutor, orientada por Marco António Monteiro de Oliveira, Lisboa, 2009.

ANTUNES, Manuel de Azevedo, "População em Moçambique: Os efeitos do VIH/SIDA", in Rev. *Africanologia – Revista Lusófona de Estudos Africanos,* n.º 1, ULHT, Lisboa, 2008, pp. 199-213.

ANTUNES, Manuel de Azevedo, *Para uma Utilização do SPSS - Statistical Package for the Social Sciences - Guia do Utilizador, Parte I – Estatísticas Descritivas,* 4ª Reimpressão, CEPAD – Centro de Estudos da População, Ambiente e Desenvolvimento, Universidade Lusófona de Humanidades e Tecnologias, Lisboa, Abril de 2006.

ANTUNES, Manuel de Azevedo, "População e Desenvolvimento em Moçambique", in Fernando SANTOS NEVES (org.), *A Globalização Societal Contemporânea e o Espaço Lusófono: Mitideologias, Realidades e Potencialidades,* Edições Universitárias Lusófonas, Lisboa, 2000, pp. 183-202.

ANTUNES, Manuel, *Inquérito Demográfico e Sanitário – Análise Estatística Sintética – País,* ILADAP, República da Guiné-Bissau, MINSAP – DGE, Banco Mundial, Agosto de 1990, pp. 42-43, 52.

ARTHUR; W. B.; MCNICOLL, G., "Large-scale simulation models in population and development: What use to planners ?", in *Population and Development Review,* Vol. 1, n.º 2, New York, 1975.

BARATA, Óscar Soares, *Introdução à Demografia,* ISCSPU, Lisboa, 1968.

BOSERUP, E., *Évolution agraire et pression démographique* (1965), Trad. francesa, Flammarion, Paris, 1970.

BRAS, Hervé le, "Peuples et Populations", in Hervé Le BRAS (org.) et al., *L'Invention des populations – Biologie, idéologie et politique,* Ed. Odile Jacob, Paris, 2000, pp. 9-54.

CARREIRA, António, "Guiné Portuguesa – Censo da população não civilizada de 1950", in *Boletim Cultural da Guiné Portuguesa,* Vol. VII, n.º 28, Bissau, Outubro de 1952, pp. 725-756.

CARREIRA, António, "Província da Guiné – Recenseamento da população indígena de 1952", in *Boletim Cultural da Guiné Portuguesa,* Vol. VIII, n.º 29, Bissau, Janeiro de 1953, pp. 17-60.

CARREIRA, António, *Guiné Portuguesa: Recenseamentos da População, Índices da Poligamia,* Separata do *Boletim Cultural da Guiné Portuguesa,* 64, Imprensa Portuguesa, Bissau, 1961, pp. 769-782.

CARREIRA, António, *O Censo Geral da População de 1960*, Separata do *Boletim Cultural da Guiné Portuguesa*, 61, Bissau, 1961, pp. 125-137.

CENSOS, Instituto Nacional de Estatística e, *Recenseamento Geral da População e Habitação 1991, Resultados Definitivos*, Vol. I, Nível Nacional, Ministério do Plano e Cooperação Internacional, Secretaria de Estado do Plano, República da Guiné-Bissau, Junho de 1996.

CHIN, James; MANN, Jonathan, *Bull WHO*, Global Programme on AIDS, WHO, 1989.

COALE, Ansley J.; HOOVER, Edgar M., *Population Growth and Economic Development in Low-Income Countries – A Case Study of India's Prospects*, Princeton University Press, Princeton, New Jersey, 1958.

DEMENY, P., "Investment Allocation and Population Growth", in Rev. *Demography*, 2, 1965.

ENKE, S., "The economics of government payments to limit population", in *Economic Development and Cultural Change*, n.º 4, July 1960.

ESTATÍSTICA, Secção de, *IX Recenseamento Geral da População – 1960 – Resumo Geral*, Província da Guiné, Portugal, Serviços de Administração Civil, Ministério dos Negócios estrangeiros, Lisboa, 1978.

GRAUNT, John, *Natural and Political Observations mentioned in a following Index, and made upon the Bills of Mortality*, John Martin, London, 1662.

HOPKINS, M. J. D.; RODGERS, G. B.; WERY, R., "L'utilisation du Bachue pour évaluer des politiques démographiques et une stratégie des besoins essentials" in *Revue Internationale du Travail*, Vol. 114, n.º 3, nov.-déc. 1976, BIT, Genève, pp. 291-312.
http://www.unaids.org./documents/epidemiology/estimates/situat96kmf.html.
Acedido em 15 de Setembro de 2000.

ILADAP – Instituto Luso Africano para o Desenvolvimento e Actividades da População, *Relatório Final – Análise de Resultados – Situação Demográfica – 1989*, Inquérito Demográfico e Sanitário – População, Saúde e Nutrição, para o Ministério da Saúde Pública da Guiné-Bissau.

JORGENSON, D., "The development of a dual economy", in *Economic Journal*, Vol. 71, June 1961, pp. 309-334.

LECAILLON, Jean Didier, *L'Économie de la Sous-Population*, PUF, 1977.

LERIDON, Henri; TOULEMON, Laurent, *Démographie - Approche Statistique et Dynamique des Populations*, Ed. Economica, Paris, 1997.

NACIONES UNIDAS, Departamento de Assuntos Económicos y Sociales, *Manuel IV – Métodos para estabelecer medicionaes demográficas fundamentales a partir de datos incompletos*, Nueva York, 1968.

NATIONS, United, *Population Projections: Methodology of United Nations*, Population Studies N.º 83, Department of International Economic and Social Affaires, New York, 1984.

PNUD, *Rapport Mondial sur le Développement Humain 1990*, (Tit. orig. *Human Development Report 1990*), Economica, Paris, 1990.

PNUD, *Relatório do Desenvolvimento Humano 1995*, (Tit. orig. *Human Development Report 1995*), Tricontinental Editora, Lisboa, 1995.

RENAUDEAU, Michel, *Guiné-Bissau*, Éditions Delroisse, Paris.

RODGERS G. B.; WERY, R.; HOPKINS, M. J. D., "Myth of the cavern revisited: Are large-scale behavioral models useful ?", in *Population and Development Review*, Vol. 2, n.º 3 e 4, New York, 1976.

RODGERS, HOPKINS e WERY, "Bachue Philippines", B.I.T., Genève, 1978; ANKE e KNOWLES, "Bachue Kenya", B.I.T., Genève, 1980; BRAGANÇA, FIGUEIREDO e RATO, "Bachue Brésil", B.I.T., Genève, 1980.

RODRIGUES, Rui, "Estimativas actuais da população da Guiné-Bissau e suas projecções até ao ano 2000", in *Cadernos de Economia*, n.º 1, Unidade Pedagógica de economia e Gestão, Universidade do Minho, Braga, 1987, pp. 11-17.

SINGER, H. W., "The mechanics of economic development", in *The Indian Economic Review*, reproduzido em A.N. AGARWALA e S. P. SINGER, *The Economic of Underdevelopment*, Oxford University Press, 1958, pp. 381-399.

STOVER, John, *Demproj – A Demographic Projection Model for Development Planning*, Versão 3, The Futures Group, Washington, July 1990.

TABAH, L., "Démographie et aide au Tiers-Monde - Les Modèles", in Rev. *Population*, Vol 23, 1968.

TAPINOS, Georges, *Éléments de Démographie – Analyse, déterminats socio--économiques et histoire des populations*, Armand Colin Éditeur, Paris, 1985.

ULTRAMAR, Junta de Investigações do, *Província da Guiné – Censo da População de 1950 – Volume I, População Civilizada*, Colec. Estudos de Ciências Políticas e Sociais, Centro de Estudos Políticos e Sociais, Lisboa, 1959,

UNAIDS, *REPORT on the global HIV/AIDS epidemic*, June 2000, versão digital em http://www.unaids.org./epidemic_update/report/Epi_report.htm. Acedido em 15 de Setembro de 2000.

UNAIDS, *VIH/SIDA: le point sur l'épidémie mondiale*, 28 Novembre 1996, versão digital em: http://www.unaids.org./documents/epidemiology/estimates/situat96kmf.html. Acedido em 15 de Setembro de 2000.

UNAIDS/WHO, *Epidemiological Fact Sheet on HIV/AIDS and sexually transmitted infections – 2000 Update – Guinea-Bissau*, Geneva, 2000.

VANDESCHRICK, Cristophe, *Analyse démographique*, Col. Population et Développement, n.º 1, Academia-Bruylant/L'Harmattan, Louvain-la-Neuve/Paris, 1995.

VANDESCHRICK, Cristophe, *Du passé au future – Initiation aux logiciels de perspectives démographiques*, 2e Ed., Col. Population et Développement, n.º 3, Academia-Bruylant/L'Harmattan, Louvain-la-Neuve/Paris, 1998.

WERY, René, "Les modèles de simulation demo-socio-economique: utilité ou gaspillage ?", in Michel LORIAUX (org.), *Populations et développements: une approche global et systémique*, Col. Population et développement, n.º 5, Academia-Bruylant / L'Harmattan, Louvain-la-Neuve / Paris, 1998, pp. 391-423.

ZAIDAN, G., "The Foregone benefits and costs of prevented birth: Conceptual problems and an application to the UARBIRD", Working Paper n.º 11, Janeiro de 1968.

ZANZIBAR, Department of Statistics, *Workbook on Demographic Analysis,* 1983.

www.ingramcontent.com/pod-product-compliance
Lightning Source LLC
Chambersburg PA
CBHW070812290526
45795CB00002B/692